DIETER APPEL

UNTERWEGS
AUF BIKE UND STEIG

Kombinierte Rad- und Wandertouren
in den Münchner Hausbergen

BILD- UND KARTENNACHWEIS

Alle Fotografien stammen vom Autor.

© Karten: Die Kartengrundlagen und 3D Ansichten wurden von 3D RealityMaps GmbH, München erstellt. Die Outdoor-App von RealityMaps ist für die exakte Orientierung und Navigation unterwegs hervorragend geeignet.

Die Informationen in diesem Buch wurden mit Sorgfalt recherchiert und überprüft. Dennoch kann keine Gewähr für die Richtigkeit der Angaben übernommen werden.

IMPRESSUM

Teile des Inhalts wurden bereits in den Büchern „Auf Bike und Steig zu fernen Gipfeln" und „Wieder unterwegs auf Bike und Steig" (2008 und 2009, Süddeutsche Zeitung Edition) veröffentlicht und für diese Ausgabe aktualisiert.

© 2024 by Langen Müller Verlag GmbH, München
Alle Rechte vorbehalten. Diese Publikation erscheint im MünchenVerlag in der Langen Müller Verlag GmbH, München

Redaktion: Christoph Aicher
Gesamtgestaltung: Sibylle Schug, München
Druck und Bindung: Print Consult GmbH, München
Printed in Slovakia / Imprimé en Slovaquie

ISBN 978-3-910425-16-3

FSC® C084279
MIX Papier | Fördert gute Waldnutzung

1 Krähe
Vom Königsschloss zum Fensterl im Fels: Radltour an
Neuschwanstein vorbei ins Tal der Pöllat und Aufstieg zur Krähe 7

2 Blaubergkamm
Einen Fuß in Bayern, den anderen in Tirol: Nach langer
Auffahrt zur Blaubergalm aussichtsreiche Kammwanderung 17

3 Fockenstein
Ein schöner Berg hat viele Seiten: Anspruchsvolle Auffahrt
aus dem Söllbachtal mit Einkehr auf der Aueralm 25

4 Schachen
Unter den Felswänden zum Haus des Königs: Von Elmau zur
Wettersteinalm fahren und aufsteigen zum Schachen 33

5 Latschenkopf und Probstenwand
Unterwegs im Revier der Steinböcke: Radltour durchs Längental
und Aufstieg zu Latschenkopf oder Probstenwand 41

6 Schafreuter
Zu Murmeltieren und Gämsen am Delpssee: Mit dem Rad von
Fall ins Bächental und langer Aufstieg zum Schafreuter 49

7 Mahnkopf
Auf den Spuren des Karwendelforschers: Durchs
Johannestal bis zur Ladizalm radeln und wie Hermann von Barth
die Falkengruppe besteigen 59

8 Isarquellen
Zum Ursprung der Isar tief im Karwendel: Radltour ins
Hinterautal mit Aufstieg zu Hallerangerhaus und Speckkarspitze 67

9 Benediktenwand
Vom hohen Buckel ins Oberland schauen: Von Benediktbeuern
kann man fast bis zur Tutzinger Hütte hinaufradeln 77

10 Brunnenkopf
Durch stille Täler auf den Brunnenkopf: Radltour entlang
den Quellbächen der Ammer und ein gemütlicher Aufstieg 85

11 Heimgarten
Einsamer Steig zum beliebten Gipfel: Radltour von Eschenlohe
aus und Aufstieg aus dem Graben der Grießlaine 93

12 Friederspitz
Unter den Gipfeln warten die Gämsen: Nach leichter
Radltour viele Serpentinen beim Aufstieg zur Friederspitz 101

13 Soiernspitze
Drunten schimmern zwei grüne Seen: Nach steiler Auffahrt
noch zwei Stunden Aufstieg bis zur Soiernspitze 109

14 Karwendeltal
Die Königstour auf den höchsten Gipfel: Lange Anfahrt durchs
Karwendeltal und steiler Aufstieg zur Birkkarspitze 117

15 Mondscheinspitze
Pyramide zwischen Rißtal und Achensee: Auf dem Weg
zur Mondscheinspitze bleiben die Radl am Plumssattel zurück 127

16 Krottenkopf
Höher geht's nimmer im Estergebirge: Von Krün mit dem
Radl ins Finzbachtal und Wanderung auf den Krottenkopf 135

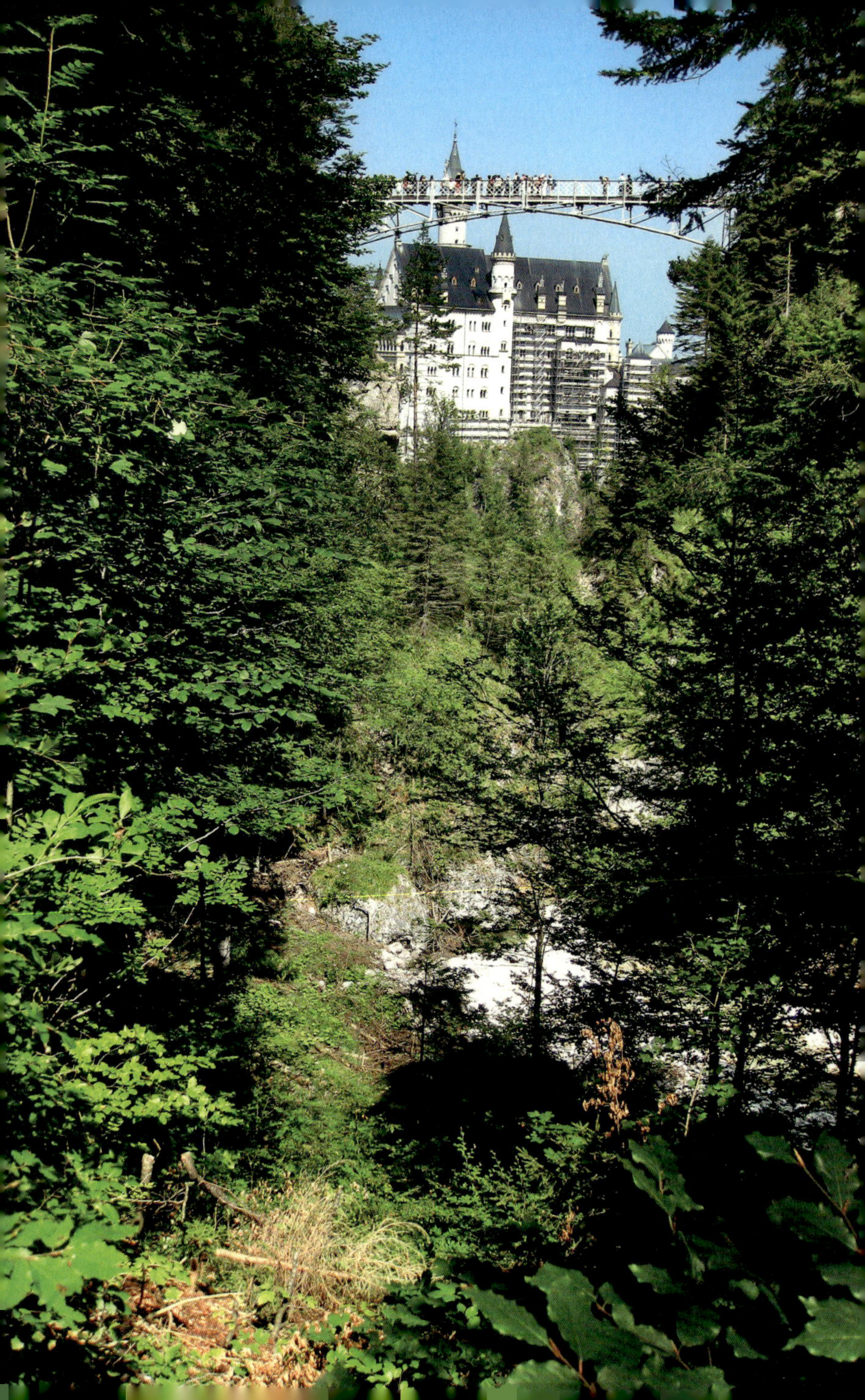

1 VOM KÖNIGS-SCHLOSS ZUM FENSTERL IM FELS

RADLTOUR AN NEUSCHWANSTEIN VORBEI INS TAL DER PÖLLAT UND AUFSTIEG ZUR KRÄHE

Für sich ganz allein hatte er das Schloss Neuschwanstein bauen lassen, nicht einmal Gästezimmer waren vorgesehen. Doch kaum war König Ludwig II. unter der Erde, respektive im Sarkophag, da wurde noch in seinem Todesjahr diese Luxusausführung einer mittelalterlichen Burg fürs neugierige Publikum geöffnet. Dabei war das riesige und doch so filigran wirkende Werk noch nicht einmal ganz fertig gebaut.

Seitdem haben Millionen Japaner und andere Besucher diese märchenhafte Immobilie besichtigt, die sich bald als die beste Investition aller Zeiten des bayerischen Staates herausstellen sollte. Angesichts der jährlichen Rendite würde der Landesbankchef neidvoll erblassen. Jedes Jahr wandern bis zu 1,3 Millionen Touristen durch die prunkvollen Räume und lassen sich die Träume Ludwigs erklären. Einer davon bestand darin, sich einen Bereich zu schaffen, in dem er noch wahrhaft uneingeschränkt herrschen konnte – im Reiche seiner Schlösser, eingebettet in die Landschaft seiner Berge. Denn die Niederlage im heute noch legendären Krieg 1866 gegen Preußen schmerzte schon sehr. Bayern musste damals einem „Schutz-

Die beste Aussicht haben die Touristen von der Marienbrücke über die Pöllatschlucht.

---

per Rad:
ca. 700 Höhenmeter
zu Fuß:
ca. 600 Höhenmeter

ca. 5 h

Parkplatz Hohenschwangau

47.554446, 10.736083
bzw.
47°33'16.0"N 10°44'09.9"E

Touristeninformation Schwangau

Radtour anspruchsvoll, Aufstieg problemlos, Trittsicherheit genügt

Jägerhütte, Bleckenau

Neuschwanstein, das meistfotografierte Schloss in Bayern.

bündnis" zustimmen, das im Kriegsfalle die eigene bayerische Armee den verhassten Preußen unterstellte. Damit war Ludwig kein souveräner Herrscher mehr. Schon 1867 begann er deshalb die Planungen für eine Welt, in der er sich noch als wirklicher König fühlen und bewegen konnte. Als ein Eckpfeiler davon entstand bald auf einem schroffen Felsen namens „Jugend" neben der alten eine „neue Burg Hohenschwangau im echten Styl der alten deutschen Ritterburgen", wie er an sein Idol Richard Wagner schrieb. Der Name Neuschwanstein wurde erst nach seinem Ableben verwendet.

An diesem Prachtwerk vorbei zu kommen ist gar nicht so einfach. Weniger wegen des geschäftigen Touristenbetriebs, sondern weil Radler und Fußgänger gleich einen deftigen Anstieg auf steilem Forstweg bewältigen müssen. Die bequeme Asphaltstraße ist den Omnibussen vorbehalten. Vom Parkplatz fahren wir erst am Ticket-Service vorbei und biegen dann links ab Richtung „Jugend und Marienbrücke". Schon nach wenigen Metern zweigt rechts der Schotterweg ab. 160 Höhenmeter später wird wieder die Teerstraße erreicht und es lohnt sich, das Rad abzustellen

Bei einer Rast bleibt Zeit, die Pastelltöne in der Landschaft zu bewundern.

und den kurzen Abstecher zur Brücke zu unternehmen, die König Max II. als ein Geburtstagsgeschenk für seine Gattin Marie hoch über die Pöllatschlucht hatte bauen lassen. Von hier schaut man auf Augenhöhe nach Neuschwanstein hinüber. Jetzt aber geht es hinein ins Pöllatal, erst kurz abwärts, später in sanfter Steigung, zweimal unterbrochen von steileren Anstiegen, zur Berggaststätte Bleckenau (1167 m). Das ehemals königliche Jagdhaus liegt zwar malerisch im Hochtal zu Füßen des Hohen Straußbergs, wir lassen es aber links liegen, denn auf dem nun nicht mehr geteerten Sträßchen Richtung Jägerhütte erwartet uns bald eine längere saftige Steigung (stellenweise wieder asphaltiert), die man besser nicht mit vollem Magen angeht. Dann aber ist auch das geschafft, wir passieren noch ein umzäuntes Feldkreuz und bald taucht jenseits des Baches auf grünen Almböden die Jägerhütte (1430 m) auf, vor der nicht nur etliche blaue Sonnenschirme, sondern auch ein ganzer Fuhrpark diverser Mountainbikes stehen, denen nun unsere Radln Gesellschaft leisten werden.

Der Steig zur Gipfelgruppe von Krähe, Hochplatte und Gabelschrofen beginnt gleich hinter der Hütte und erreicht nach wenigen Minuten einen

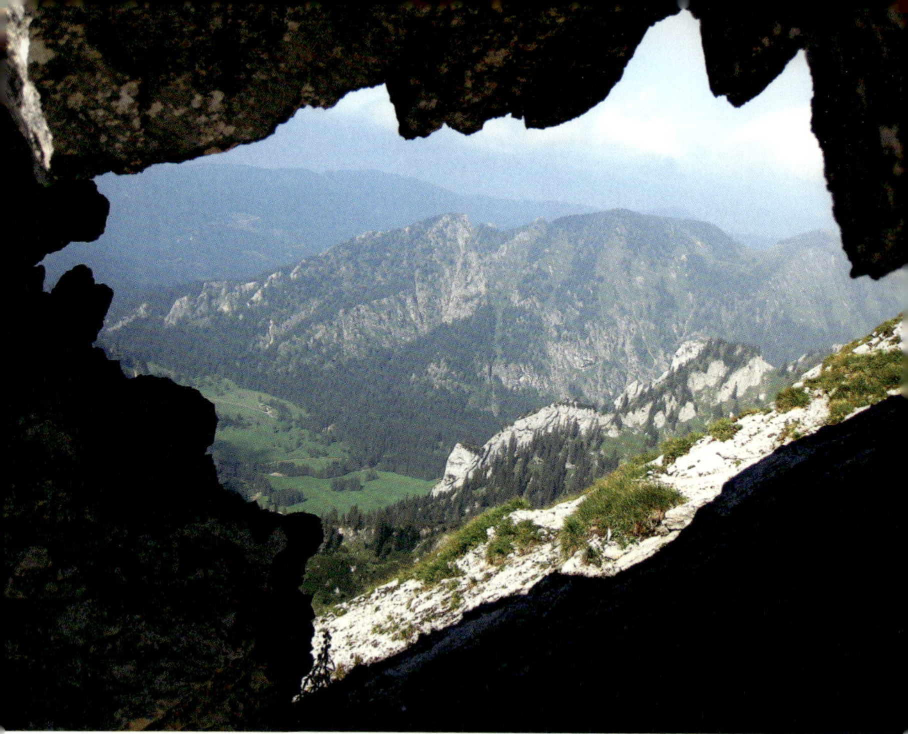

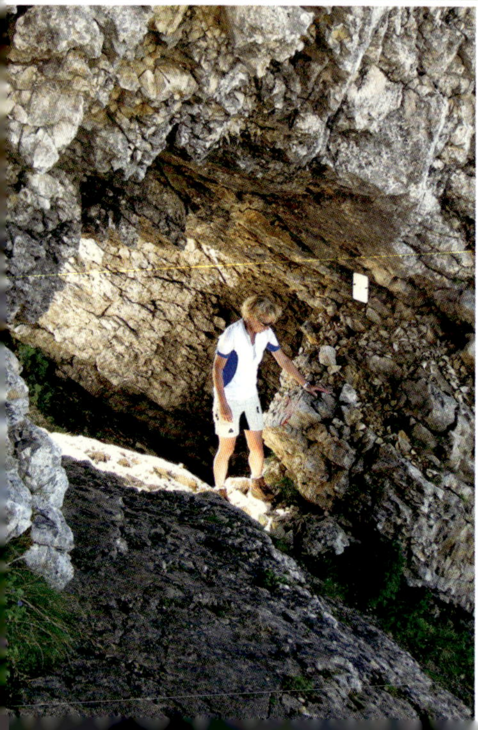

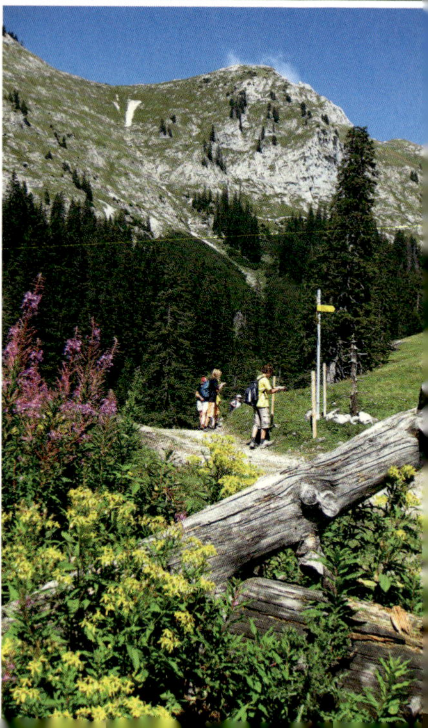

alten Karrenweg, dem wir nach links bergauf folgen, vorbei an uralten Bergfichten bis zu einer Wegkreuzung mit gelben Hinweisschildern. Wir halten uns rechts und genießen den sanften Aufstieg entlang dem Köllebach. Über blühende Almwiesen, begleitet vom Geläut der Kuhglocken, geht es nun etwas steiler in Serpentinen zum Joch zwischen Hochplatte und Hochblasse hinauf. Von dort schaut man nach Osten in ein breites Tal hinab, wo sich oft größere Rudel von Gämsen tummeln. Wir halten uns links und steigen in zehn Minuten zum „Fensterl" (1916 m) hinauf, einem spektakulären, mannshohen Felsdurchbruch in dem Kamm, der sich von der Hochplatte herunterzieht und zur Krähe wieder hinaufschwingt. Durch dieses Fensterl führt auch der teilweise seilversicherte Steig hinüber zum Kenzensattel. Zum Gipfel der Krähe (2012 m) sind es noch weiterer 5 Minuten und da droben behindert nichts mehr den totalen Rundblick auf fast alle Ammergauer Berge und an klaren Tagen noch weit darüber hinaus.

Gleich in der nördlichen Nachbarschaft steht auch der spitze Kegel des Geiselsteins, dessen Besteigung eine Kletterei im zweiten Schwierig-

Durch das Fensterl im Kamm zwischen Hochplatte (links) und Krähe führt ein Weg zum Kenzensattel. Rechts: Wasserfall in der Pöllatschlucht.

keitsgrad bedeutet und schon manche Opfer gefordert hat – nachzulesen in der Wankerfleck-Kapelle an seinem Fuße. Die Hochplatte auf der anderen Seite hat keinen markanten Gipfel, sondern besteht aus einem längeren Kamm, der sich eher für eine Überschreitung eignet. Es geht zurück und in einer guten Stunde sitzen wir bei der Brotzeit vor der Jägerhütte. Für die Rückfahrt mit dem Rad bietet sich auf Höhe der Bleckenau eine Variante an. Hier zweigt links der Wasserleitungsweg ab, der aber wegen Instandhaltungsarbeiten an der hier verlegten Wasserleitung öfters gesperrt ist.

Die Jägerhütte (rechts) ist Endstation für die Mountainbikes. Von hier geht es zu Fuß weiter hinauf zur Krähe (links). Rechts oben: Der spitze Kegel des Geiselsteins.

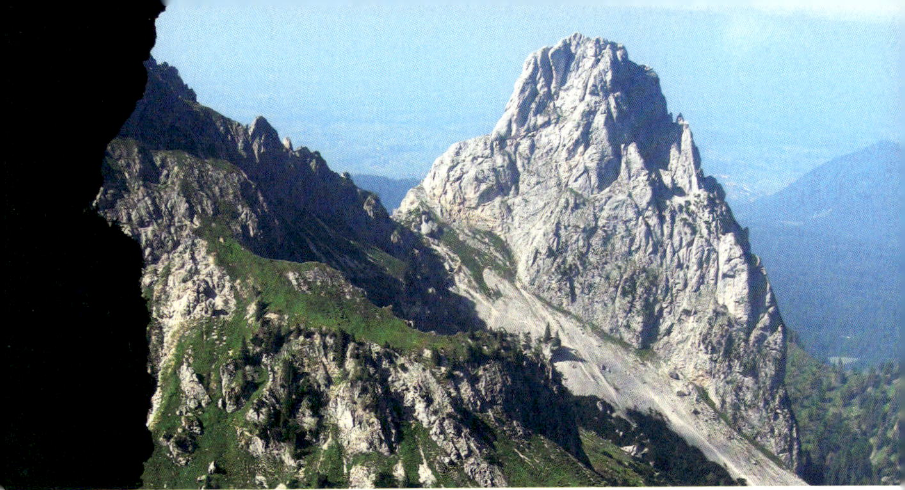

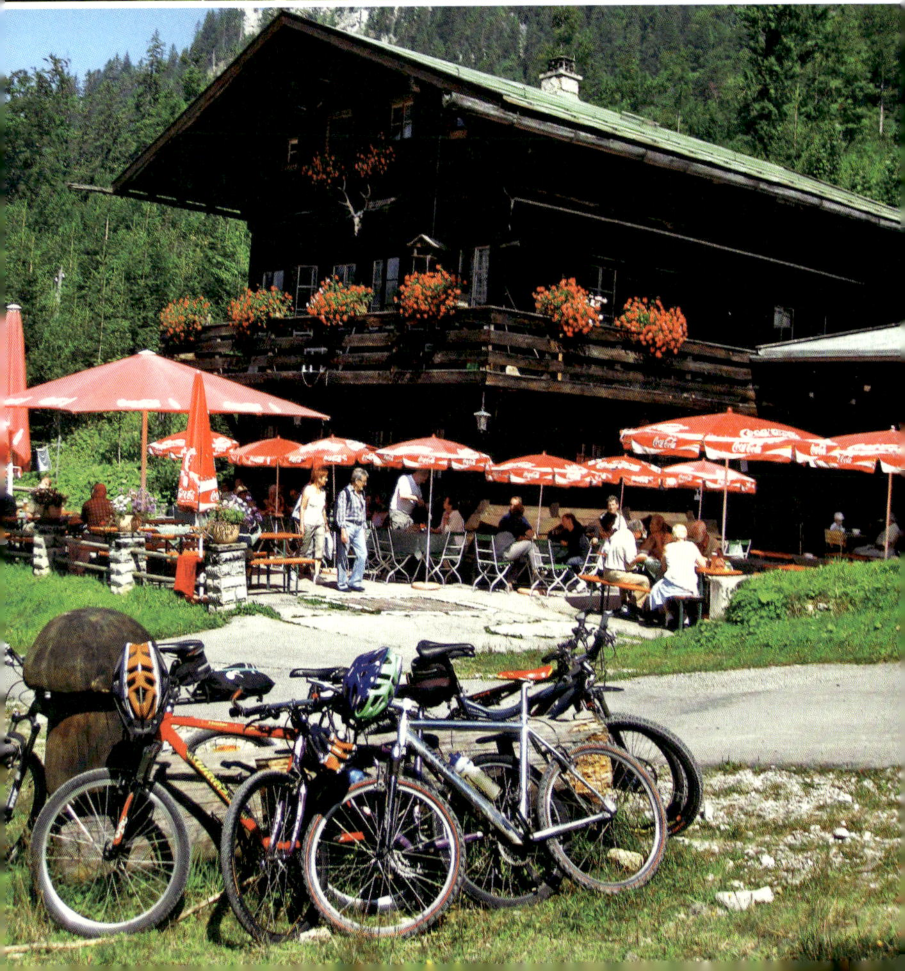
Coca-Cola

Fensterl
1916 m
Krähe
2012 m
Jägerhütte
1430 m
Bleckenau
Hohenschwangau
N

Anfahrt: Von München auf der Garmischer Autobahn (A95) bis Murnau. Hier weiter nach Kohlgrub, Saulgrub und Richtung Rottenbuch. Dann jedoch links abbiegen und auf Wegweisung nach Steingaden achten, wo die B17 erreicht wird. Nun nach Schwangau. Kurz vorher abbiegen zu den Königsschlössern.

Ausgangspunkt: Einer der gebührenpflichtigen Parkplätze. Von dort mit dem Radl in Richtung der Hotels, am Ticket-Service vorbei und der Beschilderung zur Marienbrücke folgen.

Höhe und Höhenunterschied: Von Schwangau (800 m) bis zur Jägerhütte (1430 m) mit kleinen Gegenanstiegen 700 Höhenmeter. Von dort zu Fuß auf die Krähe (2012 m) noch knapp 600 Höhenmeter.

Fahr- und Gehzeit: Mit dem Mountainbike knapp zwei Stunden bergauf, eine halbe Stunde zurück. Der Aufstieg zum Gipfel dauert etwa eineinhalb Stunden, Abstieg eine Stunde.

Schwierigkeit: Wegen der zwei steilen Passagen am Anfang und nach der Bleckenau anspruchsvolle Radtour. Der Aufstieg zu Fuß ist problemlos. Es genügt Trittsicherheit.

Einkehr: Jägerhütte im Sommer (einfach) und Bleckenau, Telefon 08362/81181, geöffnet von Mai bis Ende Oktober.

Info: Touristinformation Schwangau, Telefon 08362/81980, Mail: info@schwangau.de

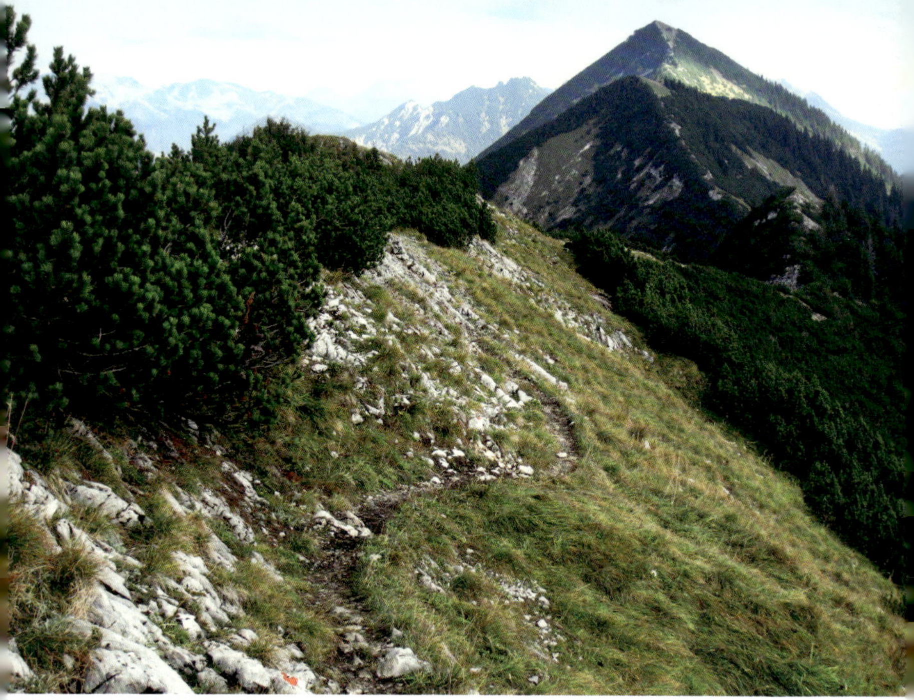

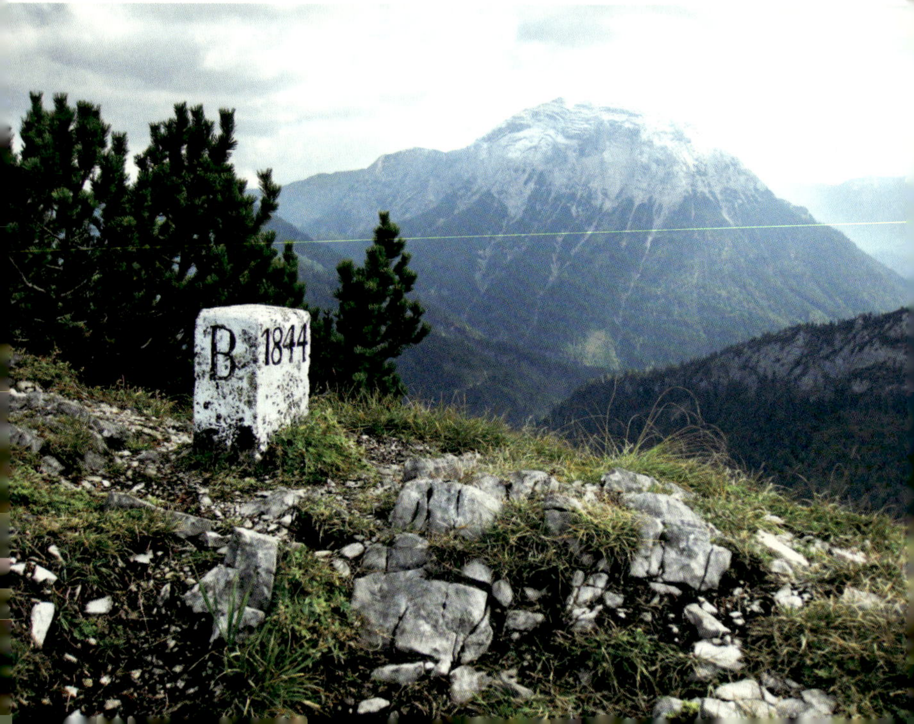
B 1844

2 EINEN FUSS IN BAYERN, DEN ANDEREN IN TIROL
NACH LANGER AUFFAHRT ZUR BLAUBERGALM AUSSICHTSREICHE KAMMWANDERUNG

per Rad:
ca. 720 Höhenmeter
zu Fuß:
ca. 250 Höhenmeter

ca. 5 h

Parkmöglichkeit in Achenwald

47.566566, 11.671421
bzw.
47°33'59.6"N 11°40'17.1"E

Tourismusverband Achensee

Trittsicherheit, Kondition

Blaubergalm

In der Nacht des 20. April 1942 ist ein viermotoriger Bomber der Royal Airforce vom Typ Halifax in knapp 1800 Metern Höhe gegen den noch tief verschneiten Blaubergkamm gekracht und zerschellt. Die zehn Männer an Bord, zwei Engländer, sechs Polen und zwei Österreicher, waren sofort tot. Warum die Maschine – ausgerechnet an Hitlers 53. Geburtstag – den weiten Weg von England her geflogen war, ist noch heute Gegenstand von Spekulationen. Genaueres wird man wohl erst erfahren, wenn die Engländer und die Russen einmal die Archive ihrer Geheimdienste öffnen. Das jedenfalls glaubt der Publizist Michael Heim, der als Sechsjähriger damals im nahen Dorf Kreuth die Aufregung um den nächtlichen Crash droben am Berg miterlebt und später dann versucht hat, dessen Hintergründe zu erforschen. Möglicherweise sollte die Maschine im Auftrag des sowjetischen Dienstes NKWD im Inntal bei Jenbach ein paar Agenten absetzen, denn dort befand sich im Stollen eines alten Bergwerks die Zentrale der besonders kriegswichtigen Heinkel-Flugzeugwerke. In England lief die Aktion unter dem Codenamen „Whiskey" und sie war offenbar so wichtig, dass ein hoher Geheimdienst-

Die Wanderung kann bis zum Halserspitz reichen, immer entlang der Grenze zwischen Bayern (B) und Tirol.

Die Blaubergalm in 1540 Metern Höhe ist nach langer Auffahrt Endstation für die Fahrräder. Hier geht es nur noch zu Fuß weiter.

offizier den Bomber selber steuerte. Als erster war am frühen Morgen der einheimische Jäger Karl Vögele an der Absturzstelle im steilen Gelände knapp unterhalb des Blaubergkamms. Er fand Dokumente, die auf Spionage hindeuteten und offenbar von solcher Brisanz waren, dass Hitler und Göring persönlich informiert wurden. Die Reichskanzlei belohnte ihn dafür mit 500 Reichsmark und einem Orden. Die Überreste der Toten wurden nach dem Krieg auf dem Friedhof für alliierte Gefallene bei Dürnbach nahe Gmund am Tegernsee bestattet. Unterhalb des Blaubergkamms hat Michael Heim noch ein paar Teile der Maschine gefunden und eines davon 60 Jahre nach Kriegsende in einer feierlichen Zeremonie in England der 90-jährigen Witwe des Piloten überreicht.

An der Stelle, wo es passiert sein muss, schaut man hinunter in steiles unwegsames Gelände, nur grüne Latschenwildnis. Dazwischen Erosionsflächen, auf denen gar nichts wächst. Wer nicht genau weiß, wo er suchen muss, wird keine Spur mehr von jenem Drama finden.

Schon der Weg auf dem Blaubergkamm selber ist eine weite Strecke und zu erreichen ist er nur nach einem langen Marsch, egal ob aus der Wolfsschlucht, über den Halserspitz, oder von Achenwald her. Auch der Rückweg ist nicht kürzer. Also ein idealer Kandidat für eine Radltour, die zumindest den sonst fälligen mehrstündigen Rückweg von der Blaubergalm auf schlappe 20 Minuten schrumpfen lässt.

Wir starten in Achenwald auf 843 Metern und folgen dem Klammbach nach Osten. Zunächst geht es gemütlich zu, richtig was fürs Warmstrampeln. In den alten Steinbrüchen entlang dem Weg und im Bachbett, das sich manchmal zur Schlucht verengt, zeugen die beinahe senkrechten Schichtungen der Kalksteinplatten von dem enormen Druck bei der Auffaltung der Alpen. Wir folgen der Ausschilderung Blaubergalm/Gufferthütte. Nach 4,5 Kilometern zweigt kurz vor einer Brücke links die Kiesstraße zur Blaubergalm ab. Wir haben bereits die Höhe von 1100 Metern erreicht. Schon kurz vorher wird der Anstieg merklich steiler, schließlich müssen die Höhenmeter ja irgendwann absolviert werden. Dazu ist nach dem Abbiegen auf der gut ausgebauten Forststraße gleich reichlich Gelegenheit. Manchmal zeigt der Tacho bis zu 18 Prozent Steigung, aber immer wieder schieben sich Verschnaufstrecken dazwischen. Eine neu gebaute, geräumige Jagdhütte steht linker Hand im Wald, sie gehört einem holländischen Jagdpächter, der gerne erzählt, wie er einen kapitalen Zwanzigender-Hirsch geschossen hat – auch in diesen wildreichen Bergen keine Alltäglichkeit. Plötzlich taucht weit oben am Hang schon die Blaubergalm auf, doch bis dort sind noch 300 Höhenmeter und viele Kurven zu fahren. Nach insgesamt neun Kilometern lehnen wir endlich die Radl an die Wand und schauen uns um. Neben der gemütlichen Hütte mit der umlaufenden Veranda stehen noch der

Stall und das Schlafhaus, beide eher schmucklos. Neu dazugekommen ist auch noch ein geräumiger Unterstand für Geräte.

Direkt hinter der Almhütte beginnt der Fußweg hinauf zum Blaubergkamm, wenig später zweigt dann der Steig zu Schildenstein und Wolfsschlucht ab. Wir steigen steil weiter über Grashänge und durch Latschen, bis sich der Weg etwas abflacht und nun den Blick freigibt auf den ganzen langen Kamm, der sich wellenförmig bis zum höchsten Punkt am Halserspitz (1862 m) dahin zieht und gleichzeitig die Staatsgrenze bildet. Es ist ein seltsames Gefühl, manchmal mit dem einen Fuß in Bayern, mit dem anderen in Tirol zu gehen. Wie weit die Füße tragen, hängt von der Zeit und der Kondition ab. Wer von beidem genug mitgebracht hat, der könnte bis zum Halserspitzgipfel wandern, den ein mächtiges Kreuz schmückt, dann absteigen in Richtung Gufferthütte, am Wildmoossattel nach Westen abbiegen und über die Schönleitenalm zur Blaubergalm zurückkehren. Das ist aber ein langer Weg, doch danach winkt die Einkehr bei der Blauberg-Wirtin, die zwar tirolerisch kocht, ihre holländische Herkunft aber nicht ganz verbergen kann. Wer ihren Kaiserschmarrn probiert, der sollte flexible Geschmacksnerven besitzen. Sie macht den Schmarrn manchmal mit Sauermilch. Schmeckt kräftig gezuckert hervorragend.

Nahe Achenwald begleiten uns noch sanfte Almwiesen (oben). Der Klammbach (rechts) zeigt die vor Millionen Jahren entstandenen Gesteinsschichtungen.

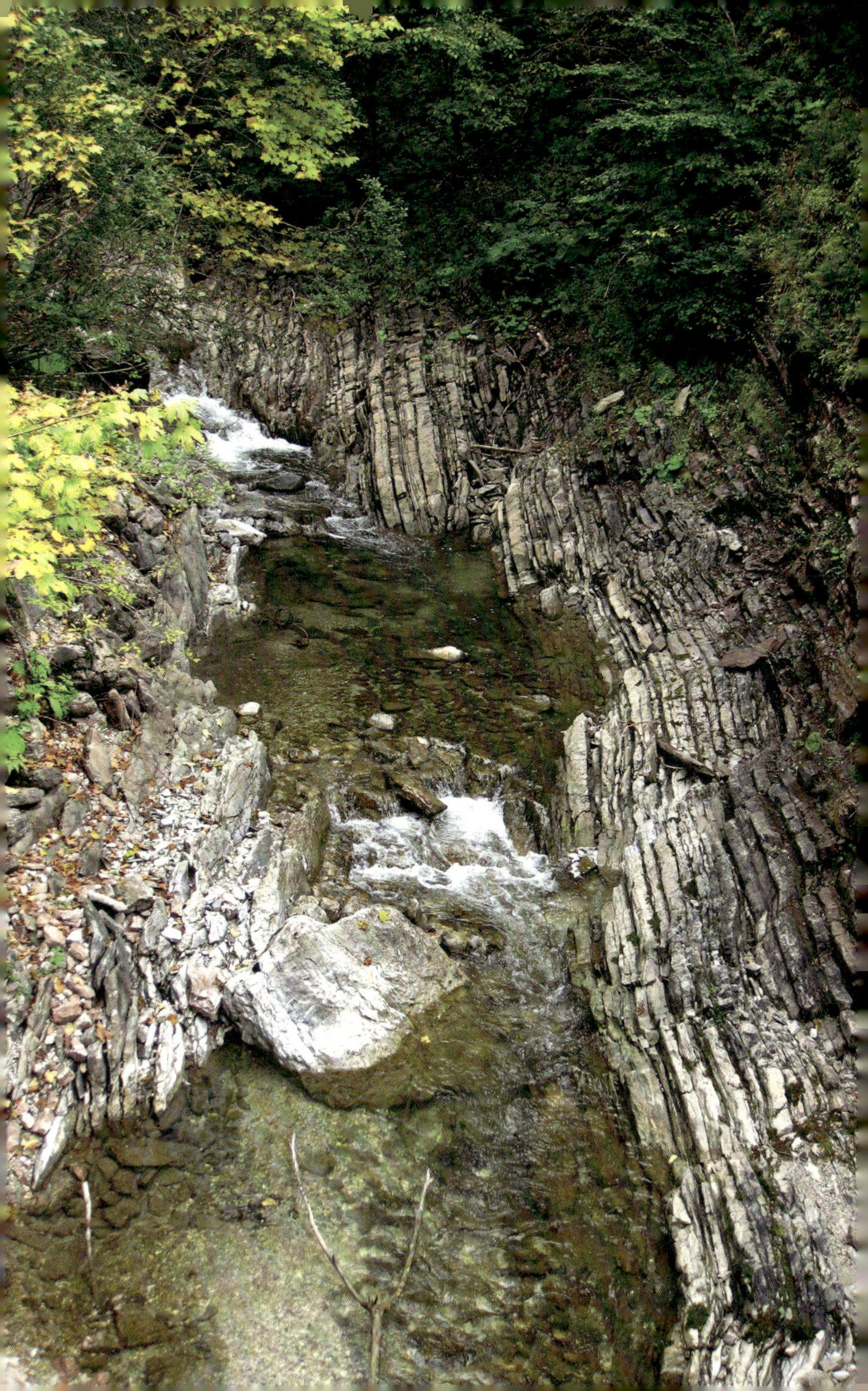

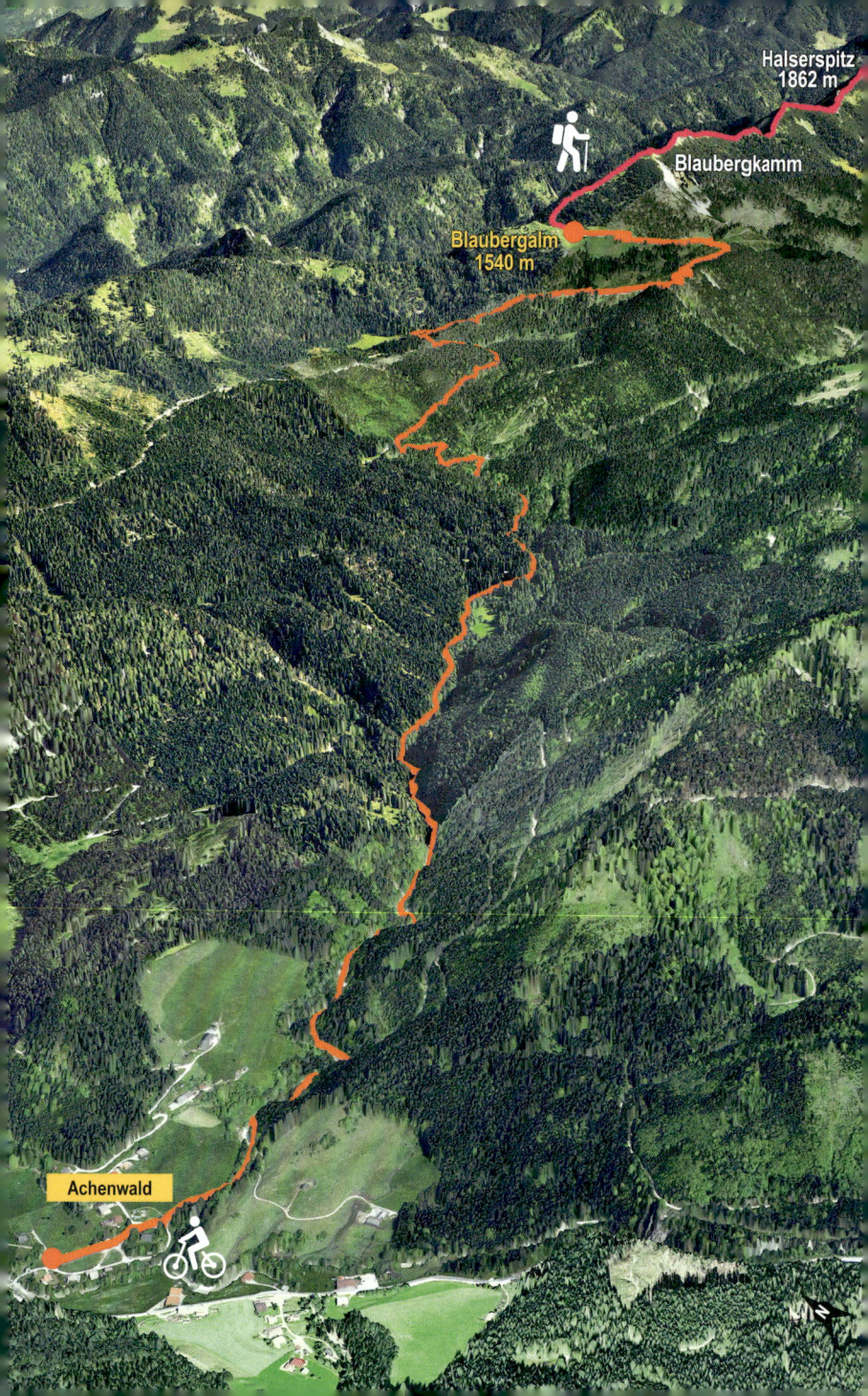

Halserspitz
1862 m

Blaubergkamm

Blaubergalm
1540 m

Achenwald

Anfahrt: Auf der Salzburger Autobahn bis Holzkirchen, dann über Tegernsee und Achenpass bis Achenwald. Oder über Bad Tölz und den Sylvenstein-Stausee Richtung Achensee.

Ausgangspunkt: Die Abzweigung von der Bundesstraße ist leicht zu übersehen. Kurz nach dem Hagenwirt und einer scharfen Rechtskurve führt linker Hand nur eine schmale Brücke über den Achenbach, es gibt keinen Vorwegweiser. Nach der Brücke rechts bleiben, bei der nächsten Gabelung wieder rechts und nach 100 Metern links an einem Bretterzaun entlang parken.

Fahr- und Gehzeit: Mit dem Rad ca. zwei Stunden, zu Fuß bis zum Halserspitz etwas über eine Stunde. Abstieg ebenso, Abfahrt ca. 30 Minuten.

Höhe und Höhenunterschied: Von Achenwald (843 m) bis zur Blaubergalm (1540 m) sind es einschließlich eines kleinen Gegenanstiegs 720 Höhenmeter. Zu Fuß auf den Blaubergkamm weitere 250 Höhenmeter. Höchster Punkt dort ist der Halserspitz (1862 m).

Schwierigkeit: Die Forststraße ist gut ausgebaut, aber für die über längere Strecken steile Auffahrt ist solide Kondition nötig. Zur Wanderung auf den Blaubergkamm genügt Trittsicherheit.

Einkehr: Blaubergalm, geöffnet je nach Wetterlage von Anfang Juni bis Ende Oktober, kein Ruhetag, Übernachtung möglich, Telefon 0043/664/2306719 sowie 0043/5242/67516 (im Tal).

Info: Tourismusverband Achenkirch, Telefon 0043/5595300-50, Mail: Achenkirch@achensee.com.

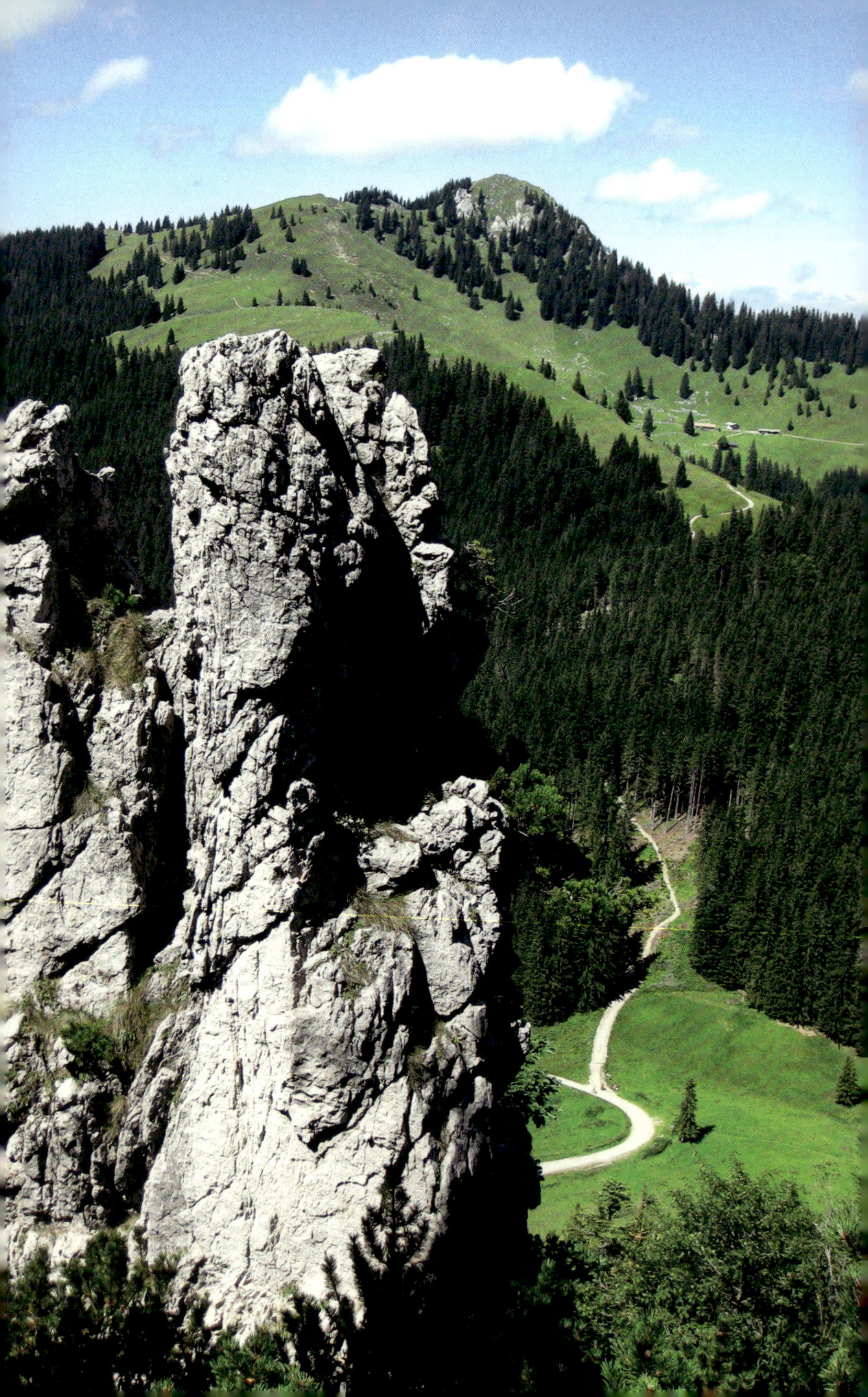

3 EIN SCHÖNER BERG HAT VIELE SEITEN
ANSPRUCHSVOLLE AUFFAHRT AUS DEM SÖLLBACHTAL MIT EINKEHR AUF DER AUERALM

Den Fockenstein könnte man gleich von zwei Seiten mit einer Bike-und-Steig-Tour angehen. Die leichtere beginnt im Lenggrieser Ortsteil Mühlbach beim Schloss Hohenburg auf der Forststraße ins Hirschbachtal, die dann weiterführt bis zur Lenggrieser Hütte. Am Hirschtalsattel bleibt das Radl zurück und man geht bequem in einer Stunde zum Gipfel. Allerdings muss man dabei auf das verzichten, was einer Bergtour erst die richtige Würze verleiht: die Einkehr, am besten auf einer schönen Terrasse mit einem Ausblick wie von Wolke Sieben. Deshalb starten wir unsere Tour lieber in Bad Wiessee, auch wenn sie rein sportlich gesehen etwas anspruchsvoller ist. Ausgangspunkt ist der Beginn des Söllbachtals im Wiesseer Ortsteil Abwinkel, wo das Auto auf einem der großen Wanderparkplätze bleibt. Wer seinen Höhenmesser exakt einstellen möchte, findet die amtliche Höhenangabe auf der gegenüberliegenden Straßenseite am Gebäude der Wasserversorgung mit 767 Metern. Das gemütliche Warmstrampeln den Söllbach entlang ins Tal hinein hat ein Ende, sobald wir rechts in die gekieste Forststraße zur Aueralm einbiegen. Es geht ziemlich steil los und wird bald darauf noch etwas steiler. Dass hier manchmal sogar Autos Probleme

Der Fockenstein, gesehen vom gegenüberliegenden Ochsenkamp. Rechts erkennt man die Neuhüttenalm.

---

per Rad:
ca. 500 Höhenmeter
zu Fuß:
ca. 300 Höhenmeter

ca. 3,5 h

Wanderparkplatz Sollbach

47.702326, 11.721635
bzw.
47°42'08.4"N 11°43'17.9"E

Tourist-Information Bad Wiessee

Trittsicherheit, Kondition

Aueralm

haben, zeigt die Tatsache, dass in einer scharfen Rechtskurve gerippte Betonsteine verlegt wurden, um den Untergrund griffiger zu gestalten. Für die Fahrräder eine arge Holperei. Die Steigung nimmt zwar wieder etwas ab, bleibt aber anspruchsvoll, bis nach dreieinhalb Kilometern und in einer scharfen Linkskurve der Fußweg vom Sonnbichl herauf einmündet. Ab hier radelt es sich leichter, noch ein letztes Stück durch den Wald und dann ein paar hundert Meter an den Weideflächen entlang zur Aueralm. Auf dem Tachometer haben sich knapp fünf Kilometer und 500 Höhenmeter angesammelt. Rundum weiden Kühe, die große Terrasse ist fast immer gut besucht. Der Gipfel des Fockensteins (1564 m) ist schon klar erkennbar. Um ihm näher zu kommen, kann man noch weiter fahren bis dort, wo rechts der Fußweg beginnt. Links steht eine kleine Kapelle auf der Wiese mit einem großen Bildstock drin. Sie erinnert an eine große Viehseuche vor rund 150 Jahren und an das damalige Gelöbnis des Almbauern.

Der Steig durch den Bergwald gewinnt schnell an Höhe, verzweigt sich immer wieder, nur um weiter droben wieder zusammen zu kommen. Doch die Markierungen weisen stets den rechten Weg. Weiter droben müssen ein paar Felsschrofen überwunden werden, wofür man auch mal die Hände zu Hilfe nimmt. Der baumfreie Gipfel gliedert sich in mehrere

Der Radl-Parkplatz an der Aueralm (oben) Rechts eine spektakuläre Felsformation sowie Warnung vor gefährlichen Insekten.

1 Std.
F 3
Bad Wiessee
über Söllbachtal
F 3
Söllbachtal
Parkplatz
Sonnen Bichl ü. Waxelmoos
(Skiabfahrt)
70 Min.
F 2
25 Min.
F 2
Aueralm
über Skiabfahrt
Fockenstein
Maximiliansweg E 4
Lindau-Berchtesgaden

Zecken

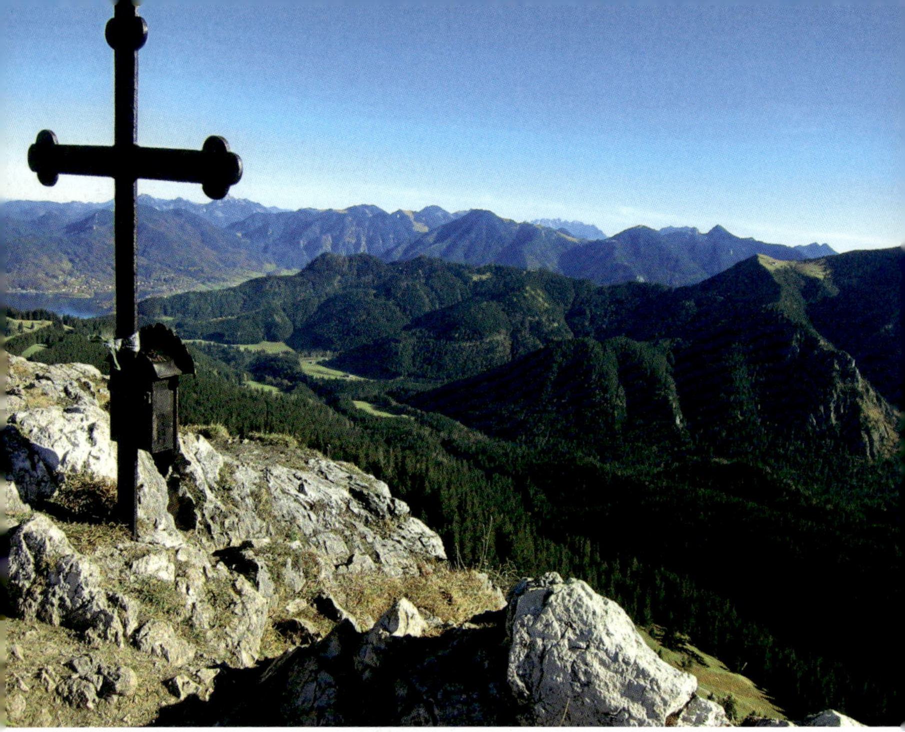

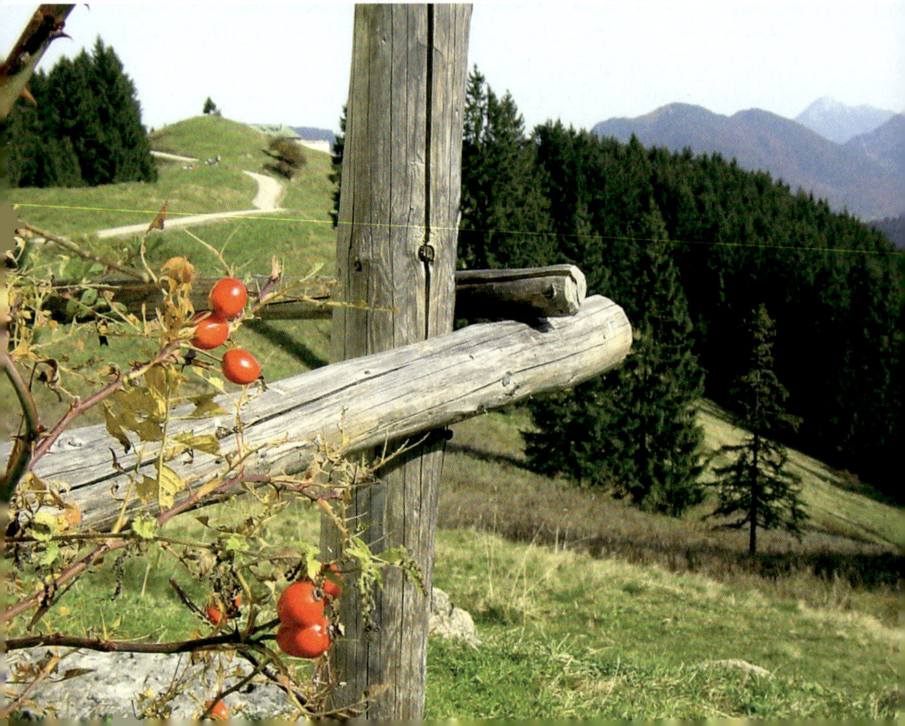

Kuppen, deren höchste ein niedriges schmiedeeisernes Kreuz mit ebensolchem Kasterl fürs Gipfelbuch trägt. Die Inschrift „G.T.V. D'Fockastoana" weist auf das Phänomen hin, dass sich rund ums Tegernseer Tal offenbar besonders die Trachtenvereine um die Gipfelkreuze auf den Bergen kümmern. Als Zeichen ihrer besonderen Verbundenheit haben sie sich auch gleich den jeweiligen Bergnamen zugelegt, zum Beispiel „D'Leonhardstoana" in Kreuth und „D'Hirschbergler" im Kreuther Ortsteil Reitrain. „D'Fockastoana" sitzen zwar in München, haben sich aber in Sichtweite „ihres" Gipfels in den Vorbergen eine Vereinshütte gebaut. Der Ausblick vom Fockenstein geht geradewegs hinunter zum Tegernsee und auch das Hirschberghaus auf Augenhöhe gegenüber ist deutlich zu erkennen. Im näheren Umkreis bestimmen Ross- und Buchstein sowie die Reihe der Kampen bis hin zum Seekarkreuz die Szenerie, während weiter im Westen hinter dem Brauneck der gezackte Kamm der Benediktenwand an den Wolken kratzt. Der Rückweg zur Aueralm kann auch als Rundtour ausgestaltet werden, indem man vom Gipfel nach Westen absteigt, über Almböden hinüber zur Neuhüttenalm und von dort den Fahrweg entlangwandert. Nach der Rast auf der Terrasse braucht man hinab zum Auto nur noch zehn Minuten und gute Bremsen.

Die Terrasse der Aueralm ist meist gut besucht. Links das schmiedeeiserne Gipfelkreuz des Fockensteins, links dahinter der Tegernsee.

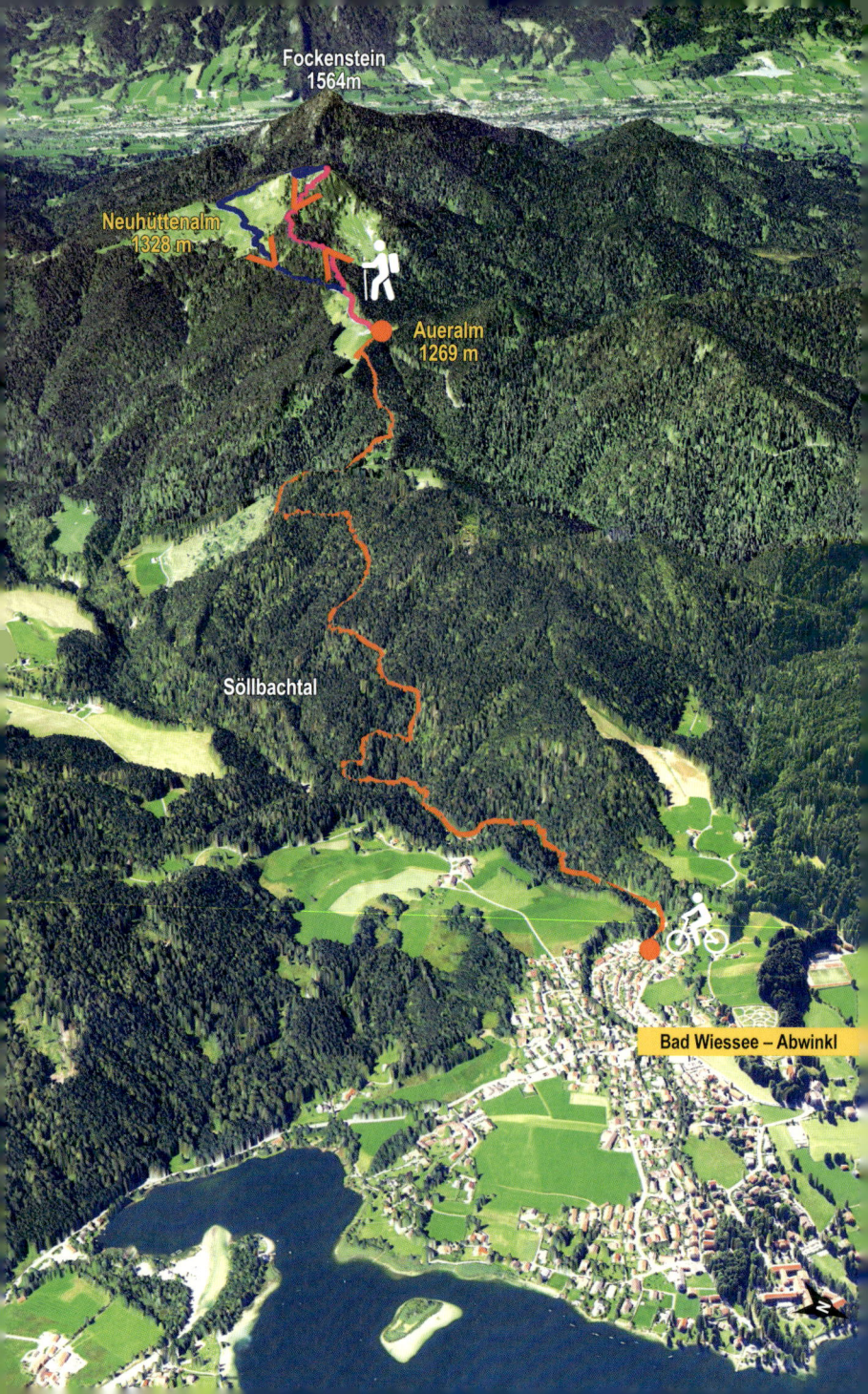

Fockenstein
1564 m

Neuhüttenalm
1328 m

Aueralm
1269 m

Söllbachtal

Bad Wiessee – Abwinkl

Anfahrt: Auf der Salzburger Autobahn bis Ausfahrt Holzkirchen und auf der Bundesstraße weiter nach Gmund am Tegernsee. Hier rechts abbiegen nach Bad Wiessee.

Ausgangspunkt: Im Bad Wiesseer Ortsteil Abwinkel Richtung Söllbachtal abbiegen, bei der Gabelung nicht zum Sonnbichl, sondern halblinks halten. Es folgen mehrere große Wanderparkplätze.

Höhe und Höhenunterschied: Vom Söllbachtal zur Aueralm (1269 m) müssen 500 Höhenmeter erklommen werden, auf den Fockenstein (1564 m) weitere 300 Höhenmeter.

Fahr- und Gehzeit: Mit dem Mountainbike und ein paar Verschnaufpausen eine Stunde 20 Minuten, zu Fuß dann noch eine knappe Stunde zum Gipfel. Zurück zur Aueralm etwa 45 Minuten, Abfahrt zehn Minuten.

Schwierigkeit: Anstrengende Auffahrt mit dem Radl, leichte Bergwanderung, bei der Trittsicherheit genügt.

Einkehr: Aueralm, ganzjährig geöffnet, Montag Ruhetag, keine Übernachtung, Telefon 08022/83600, Mail: mail@aueralm.de

Info: Tourist-Information, Telefon 08022/927380, Mail: info@tegernsee.com.

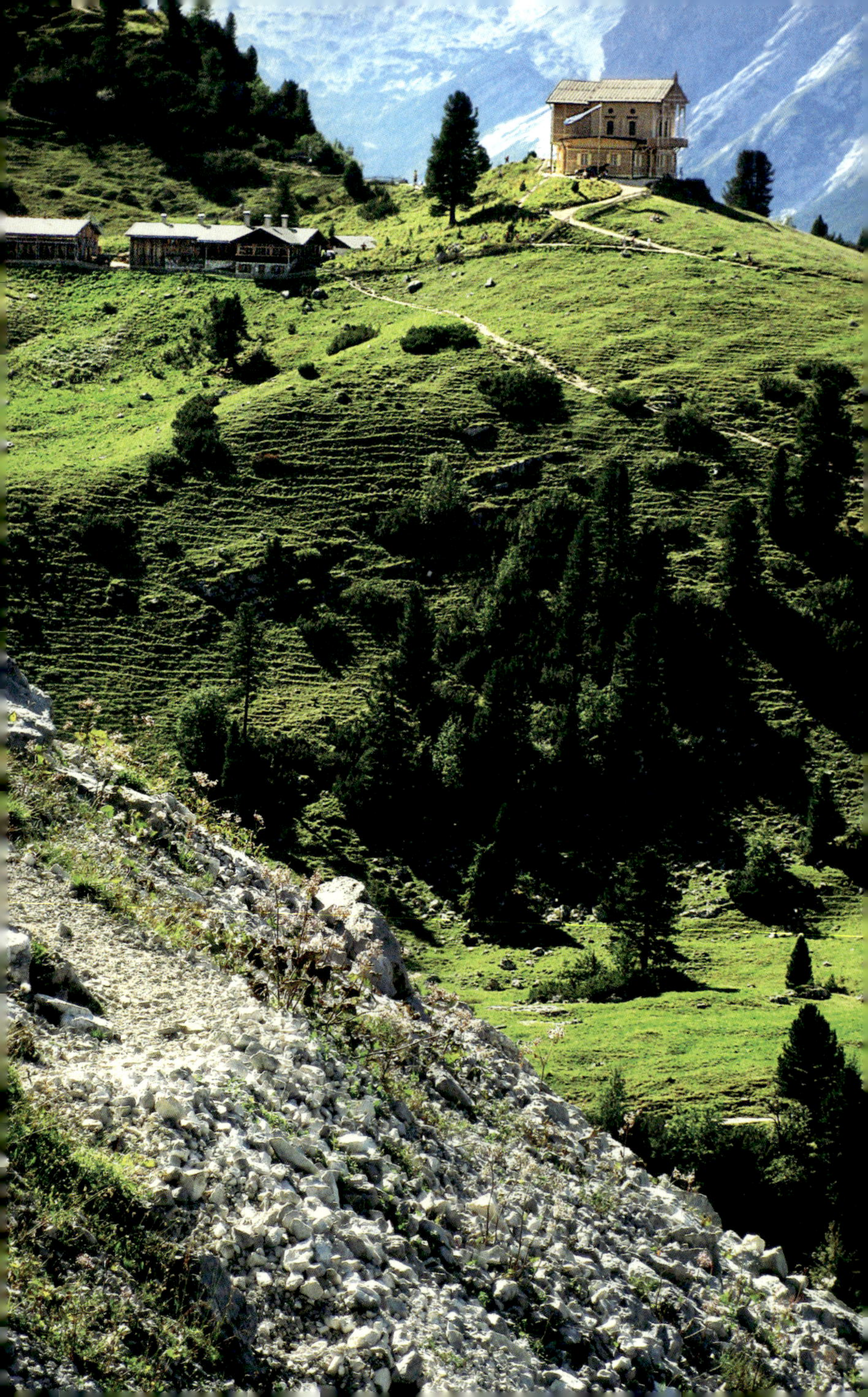

4 UNTER DEN FELSWÄNDEN ZUM HAUS DES KÖNIGS

VON ELMAU ZUR WETTERSTEINALM FAHREN UND AUFSTEIGEN ZUM SCHACHEN

Mit Berggipfeln hatte der Bayernkönig Ludwig II. nichts am Hut, schon gar nicht mit deren Besteigung. Sie dienten ihm vor allem als Kulisse für seine romantischen Träumereien und natürlich für seine Schlösser in der Bergeinsamkeit. Bestes Beispiel ist sein erstes derartiges Domizil, das Königshaus am Schachen, hoch über Garmisch-Partenkirchen auf 1870 Metern.

Einen schöneren Aussichtspunkt gibt es im ganzen Werdenfelser Land nicht. Schlank, beinahe grazil steht da auf einer grasbewachsenen Kuppe der zweistöckige, säulengestützte Holzbau im Stile eines Schweizer Chalets des 19. Jahrhunderts. Von dort schaute der König weit hinunter ins Loisachtal, im Westen auf die Pyramiden von Alpspitze und Hochblassen, links davon blinken die Schneereste auf dem Zugspitzplatt herüber. Im Süden wiederum wachsen die lotrechten Felswände der Partenkirchner Dreitorspitze in den Himmel. Warum der König gerade diesen Standort ausgesucht hat, bleibt sein Geheimnis. Hat ihm jemand von der tollen Aussicht erzählt? War er gar selber einmal hinaufgeritten oder hatte er sich die Stelle nur mit dem Fernrohr ausgesucht? Eigentlich

Endlich in Sicht: das Schloss und die bewirtschafteten Schachenhäuser, vom Schachentor gesehen.

---

per Rad:
ca. 450 Höhenmeter
zu Fuß:
ca. 500 Höhenmeter

ca. 3,5–4 h

Wanderparkplatz Elmau

47.460635, 11.177234
bzw.
47°27'38.3"N 11°10'38.0"E

Tourist-Info Garmisch-Partenkirchen

Trittsicherheit, Kondition

Wettersteinhaus, Schachenalm

hatte er ja den gegenüberliegenden Wank ins Auge gefasst, aber dort gab es kein Wasser. Fest steht, dass es sowohl vom Schachen wie auch vom Wank eine Sichtverbindung gibt zu seinem Berghaus auf dem Altlacher Hochkopf am Walchensee, wo zeitweise Richard Wagner am „Parsifal" gearbeitet hat. Solche Blickachsen waren dem König immer wichtig. Im November 1869 war der allerhöchste Befehl ergangen, von Elmau einen Reit- und Fahrweg hinauf zum Schachen zu bauen und schon ein Jahr später standen nicht nur das Königshaus, sondern auch die Gebäude in der Mulde unterhalb, wo Personal, Gerätschaften und Tiere untergebracht wurden. Heute ist dies eine bewirtschaftete Unterkunftshütte, in der die hungrigen Bergwanderer einkehren.

Es heißt, der Weg habe fast genau so viel gekostet wie das Königshaus, was bei der beträchtlichen Länge von zehn Kilometern durchaus plausibel erscheint. Er beginnt als Forststraße mit dem schönen Namen „Königsweg" beim großen Wanderparkplatz von Elmau, wo wir die Radl aus dem Auto laden, und folgt eine Zeitlang dem munter entgegenkommenden Kaltenbach, der jedoch in tiefer Schlucht zurückbleibt, sobald die erste lange Steigung erklommen wird. Die großflächigen Holzlagerplätze lassen erkennen, welch reiche Ernte die Bewirtschaftung der ausgedehnten Forste rundum erbringt. An der ersten Verzweigung halten wir uns links, bei der nächsten rechts, immer der Ausschilderung zum Schachen folgend. Die Steigung erfordert zwar kräftiges Treten, wird aber nie so bösartig, dass man kämpfen müsste. Nach knapp fünf Kilometern und kurz vor der Wettersteinalm verengt sich die Straße zu einem schmaleren und steinigeren Weg, der sich nach einem Viehgatter gabelt. Nach links geht es in zwei Minuten zur Wettersteinalm, rechts beginnt der Karrenweg über den Steilenberg hinauf zum Schachen. Der Name ist Programm, denn hier werden in steilen Serpentinen auf grobsteinigem Untergrund auf kurze Distanz 300 Höhenmeter überwunden. Für gut trainierte Mountainbiker ist er fahrbar, für andere eine Schinderei, auch wenn man droben dann wieder recht moderat dahinrollt, bis es kurz vor dem Ziel noch mal richtig zur Sache geht.

Rechts oben: Auf der Wettersteinalm treffen sich Wanderer und Mountainbiker zur Brotzeit. Darunter die filigrane Konstruktion des Königsschlosses.

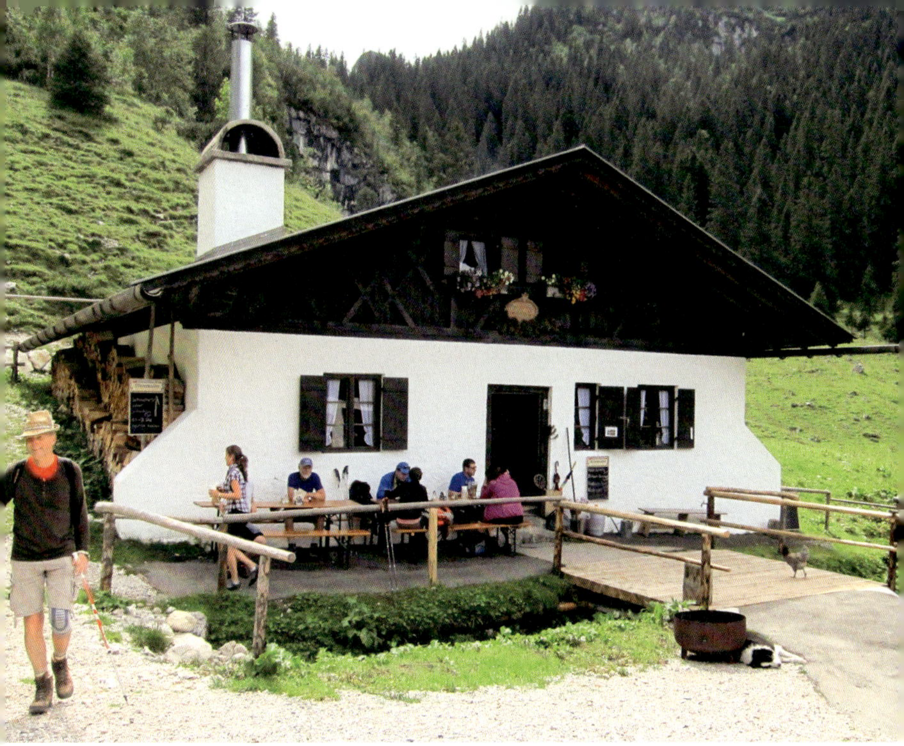

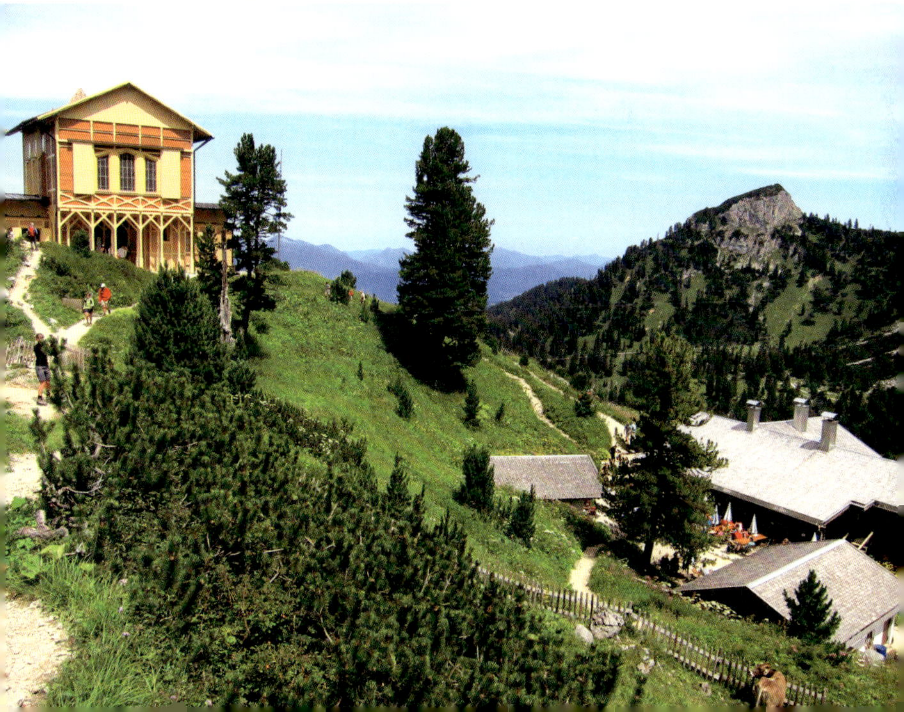

Wer sich das ersparen möchte, der schließt bei der Wettersteinalm (1464 m) sein Radl an den Stangenzaun und zieht die Bergstiefel an. Zwar locken hier die Angebote der Wirtin zur Brotzeit, die sollte man sich aber für die Rückkehr aufheben, denn noch wartet eine rund dreistündige Wanderung. Natürlich könnte man den Fahrweg nehmen, aber der Steig zum Schachentor ist nicht nur kürzer, sondern ungleich schöner. Er beginnt direkt hinter dem letzten Almgebäude und führt durch vereinzelte Latschenbestände hinauf in ein wildromantisches Hochtal. Im Süden ragen die grauen Wettersteinwände fast senkrecht tausend Mleter hoch. Gen Norden schaut man zunächst weit hinaus ins Estergebirge, bald aber schiebt sich der Schachentorkopf dazwischen.

Wir wandern über Almwiesen mit bunter Blumenpracht, im Frühsommer blauer stängelloser Enzian, Aurikel und Alpenrosen, im Frühherbst Silberdistel und lilafarbener deutscher Enzian. Knorrige Fichten, Tannen, Ahorne und Lärchen säumen den Weg. Auf den Schuttkaren kraxeln Gämsen herum und manchmal pfeift ein Murmeltier. Wir steigen hinauf zum Schachentor, einem 1878 Meter hohen Sattel mit Ausblick auf das

Königshaus samt Alp- und Zugspitze direkt dahinter. Bis dorthin ist es aber noch ein beträchtliches Stück Weges, der sich über die Schuttreißen weit hinüber zieht bis zu den Häusern.

Krönung der Tour ist natürlich eine Führung durchs Königshaus, die stündlich angeboten wird. Während das Erdgeschoss mit viel Zirbelholztäfelung sowie Arbeits-, Schlaf- und Dienerzimmer noch relativ schlicht daher kommt, entfaltet sich im oberen Stockwerk die ganze Phantasie des Königs. Der türkische Saal mit Kronleuchter und Springbrunnen, Fächern aus Pfauenfedern, Teppichen und goldverzierten Tapeten sowie den farbigen Lichtstrahlen durch bunte bleiverglaste Fenster lässt ahnen, in welche orientalischen Märchenwelten Ludwig II. hier abtauchte.

Auf der gleichen Route zurückzukehren ist keineswegs langweilig, denn die Perspektiven der Aus- und Fernblicke sind ganz andere und immer wieder atemberaubend. Auch geht es bestimmt schneller als auf dem Fahrweg, denn schließlich wartet an der Wettersteinalm nicht nur das Weißbier, sondern danach auch noch die flotte Abfahrt.

Vom Schachentor kann man über das Königshaus hinweg aufs Zugspitzplatt schauen. Daneben Hochblassen und Alpspitze. Links Abstieg zur Wettersteinalm.

Königshaus 1870 m
Schachenhaus 1866 m
Schachentor
Wettersteinalm 1464 m
Elmau

Anfahrt: Auf der Autobahn A95 nach Garmisch-Partenkirchen und weiter Richtung Mittenwald. In Klais rechts abbiegen über die Bahnlinie, wieder rechts und nach Elmau (Mautstraße).

Ausgangspunkt: Am Schloss Elmau vorbeifahren, danach links abbiegen zum ausgeschilderten Wanderparkplatz.

Höhe und Höhenunterschied: Von Elmau bis zur Wettersteinalm (1464 m) gilt es 460 Höhenmeter zu überwinden. Von dort zu Fuß über den Sattel am Schachentor (1878 m) und bis zum Schachenhaus (1870 m) sind es mit kleinem Gegenanstieg noch einmal knapp 500 Höhenmeter.

Fahr- und Gehzeit: Mit dem Rad zur Wettersteinalm etwa eine Stunde, zu Fuß bis zum Schachenhaus etwa eineinhalb Stunden, zurück zur Alm eine gute Stunde. Die Abfahrt mit dem Rad dauert zehn Minuten.

Schwierigkeit: Anspruchsvolle, aber nicht schwere Radtour, für die Bergwanderung genügt Trittsicherheit.

Einkehr: In den Sommermonaten sind die Wettersteinalm und das Schachenhaus bewirtschaftet. Am Schachen auch Übernachtung möglich, Telefon +49 172 8768868, Mail info@schachenhaus.de. Wettersteinalm, Telefon +49 170 6762204, Mail: annemariegeyer@t-online.de.

Info: Tourist-Info Garmisch-Partenkirchen, Telefon 08821/180700, Mail: info@gapa-tourismus.de. Königshaus: Bayerische Schlösserverwaltung, Telefon 089/179080 oder Telefon 08822/ 92030.

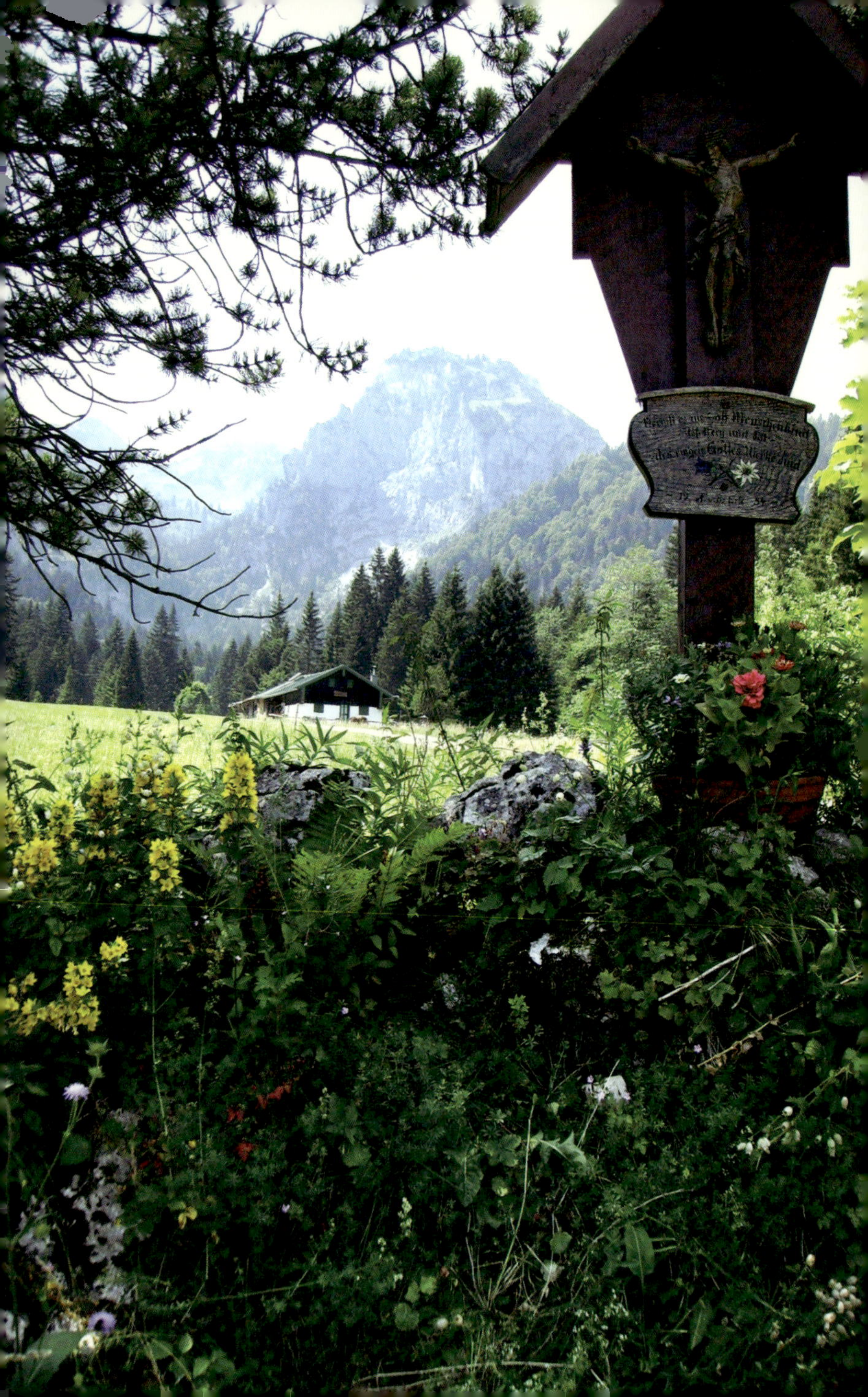

5 UNTERWEGS IM REVIER DER STEINBÖCKE
RADLTOUR DURCHS LÄNGENTAL
UND AUFSTIEG ZU LATSCHENKOPF
ODER PROBSTENWAND

Die Offerte war verlockend. Schon bald nach dem Krieg bot ein Makler im Auftrag eines Investors nicht weniger als eine Million D-Mark für die Probstalm. Die bestand aus dem einfachen, gemauerten Almgebäude und einer Weidefläche von 73 Hektar, zumeist in steiler Hanglage, auf 1376 Metern Höhe eingebettet in den Kessel zwischen Hinterem Kirchstein, Achselköpfen und Probstenwand. Eine Million war damals noch richtig viel Geld und die Alpenvereinssektion München hatte im Jahre 1930 dem Probstbauern Michael Adelwarth aus Lenggries gerade mal 15 000 Reichsmark dafür gegeben.

Bald kam die Vermutung auf, hinter dem Angebot könnte eine Bergbahngesellschaft stehen, die auch schon an der nahen Brauneckbahn beteiligt war, und nun das Skigebiet um einige nord- und ostseitige und damit recht schneesichere Hänge erweitern wollte. Die Verantwortlichen der Sektion lehnten ab und retteten damit dieses reizvolle Rückzugsgebiet für naturliebende Menschen, viele seltene Tiere und Pflanzen. Statt einer mondänen Skihütte im Alpenjodlerstil steht dort immer noch das weiß gekalkte Haus, in dem sich die Sektionsmitglieder selber

400 Meter hoch ragt der glatte Fels der Probstenwand hinter der Längenalalm empor.

---

per Rad:
ca. 400 Höhenmeter
zu Fuß:
ca. 700 Höhenmeter

ca. 5,5 h

Arzbach nahe Sportplatz

47.710655, 11.559016
bzw.
47°42'38.4"N 11°33'32.5"E

Tourismusbüro Lenggries

teilweise etwas steil

Hintere Längentalalm

versorgen müssen. Die Hütte dient ihnen als Stützpunkt für Bergtouren bis hinüber zur Benediktenwand und der Jugend, die sich einen Klettergarten an der nahen Probstenwand eingerichtet hat, einer spektakulären Felsformation, die 400 Meter senkrecht in die Höhe ragt.

Unsere Radltour dorthin führt ins Längental und beginnt in Arzbach. Zwar könnte man mit dem Auto noch drei Kilometer ins Tal hineinfahren bis zu einem großen Wanderparkplatz, aber zum Aufwärmen und zum Schauen ist die sanft ansteigende Strecke, vorbei an liebevoll gepflegten Bauerngärten und blumengeschmückten Häusern, nur zu empfehlen und zurück verlängert sie die genussvolle Abfahrt.

Vom genannten Wanderparkplatz weg überqueren wir den Bach und schon steigt die Forststraße so steil an, dass man gerne auf die kleinen Gänge zurückschaltet. Etwa einen Kilometer geht das so, dann ist die Rampe geschafft und das Radl rollt fast von alleine durch die saftigen Wiesen, vorbei an der Gabrielalm zum Berggasthof Kirchsteinhütte und weiter bis zur ebenfalls bewirtschafteten, recht idyllisch im Talschluss liegenden Hinteren Längentalalm, wo die Radl sich ausruhen dürfen. Linker Hand thront über dem bewaldeten Berghang ein bleicher Fels mir dem Namen Kirchel (1473 m), von dort ein Stück nach Süden als größerer Bruder der Vordere Kirchstein (1670 m). Der Name hat wohl zu tun mit der keltischen Bezeichnung „kirk" für Stein. Früher soll auch die Benediktenwand Kirchstein geheißen haben, angesichts der hohen Felswand durchaus einleuchtend.

Bei der Längentalalm gehen wir durchs Viehgatter und folgen dann einfach dem Fahrweg, der bald nach der privaten Edelweißhütte endet und sich als Steig in einer wildromantischen Landschaft aus riesigen Felstrümmern, uralten Ahornbäumen und kleinen Wasserfällen fortsetzt. An zwei Stellen

LATSCHENKOPF UND PROBSTENWAND 43

Der Vordere Kirchstein eignet sich gut zum Gipfelsammeln. Links ein steinernes Denkmal für die Steinböcke, die hier wieder ausgewildert worden sind.

sind sogar Sicherungsseile angebracht, die bei Nässe oder Eis nützlich sein können. Das Almgebiet ist bald erreicht. Weil hier seit Jahrzehnten keine Kühe mehr weiden, stehen Gras, Kräuter und Blumen im Sommer oft hüfthoch und die vielen jungen Ahornbäume lassen für die Zukunft einen farbenprächtigen „Ahornboden" erwarten. Mit viel Glück kann man ein paar der hier wieder heimisch gewordenen Steinböcke beim Gräserzupfen beobachten. Nach 40 Minuten stehen wir vor der Probstalm, an deren Stirnseite eine Bronzetafel an den Lawinentod von sieben Polizisten im Jahre 1931 erinnert. Der nach ihnen benannte Polizeihang steigt im Nordwesten steil zum Gipfel des Hennenkopfes (1613 m) an. Ganz droben haben die Alpenvereinsmitglieder ein Latschenfeld gepflanzt, um Lawinenabgänge zu erschweren, denn im Winter ist der Almkessel ein beliebtes Skitourengebiet.

Von der Hütte aus kann man mit etwas Pfadfindergespür innerhalb einer Stunde zu den Gipfelkreuzen von Hennenkopf und Probstenwand aufsteigen. Der Pfad zum westlichen Sattel hinauf und von dort nach rechts hinüber ist noch vorhanden, wird aber nicht mehr instand gehalten. Er beginnt jenseits des Baches nahe der Hütte erst mit undeutlichen Spuren im Gras, später dann deutlicher. Am Gipfelaufbau ist allerdings leichte Kraxelei nötig. Einfacher zu finden ist der deutlich markierte Weg in Richtung Achselköpfe, unter deren Nordwand wir auf den Verbindungsweg von der Benediktenwand zum Brauneck treffen und nach links (Osten) abbiegen. In steilen Serpentinen geht es aufwärts zum Sattel und dem Schild folgend nach links durch die Latschen und vorbei an einem gewaltigen Felsspalt zum Latschenkopf. Unterwegs kann man noch mit einem kleinen Abstecher den Hinteren Kirchstein (1667 m) mitnehmen. Droben gibt es außer der grandiosen Aussicht, unter anderem auch auf das Braunecker Wanderwegenetz und auf die Stiealm, auch ein veritables Kreuz zu bewundern, das erst seit ein paar Jahren den Gipfel schmückt (1712 m).

Ein Blick in die Karte ermuntert uns zu einer Rundtour. Die führt zunächst auf dem Grat weiter nach Osten, im Vorbeigehen kurz auf den nahen Vorderen Kirchstein (1670 m) und über ein paar Felsschrofen hinab, bis rechter Hand die Tölzer Hütte zum Greifen nahe kommt. Hier biegen wir scharf links ab Richtung Längental und Arzbach und schon nach ein paar Metern bricht die Bergeinsamkeit aus, hört man die schwatzenden Wandergruppen nicht mehr. Nach wenigen Minuten folgen wir der links abzweigenden Wegspur, die unterhalb der Felswand hinüberführt zur Tennenalm am westlichen Rand des Kessels, an dessen Grund malerisch die kleine Logham-Alm liegt. Von der Tennenalm, in deren Vorgarten ein buntes Salatbeet angelegt ist, führt ein Weg direkt hinab zur Längentalalm. Der Abstieg nach Westen beginnt knapp vor dem kleinen Gipfelkreuz auf der Schulter nördlich der Almgebäude. Das Kreuz steht übrigens auf jenem Felsen namens Kirchel, der von drunten so imposant wirkt. Nun sind es auf einem ehemals gut ausgebauten Steig fast 500 Höhenmeter steil hinunter durch den Wald. Die letzten Meter im Talgrund wandern wir an einem dicken Wall aus großen Steinen entlang, der exakt an der Hinteren Längentalalm endet. Auf der flotten Rückfahrt Richtung Arzbach verfolgt uns manch neidischer Blick von müden Wanderern.

Die Probstalm (rechts oben mit dem Hinteren Kirchstein) ist eine Selbstversorgerhütte. Brotzeit gibt's in der Hinteren Längentalalm.

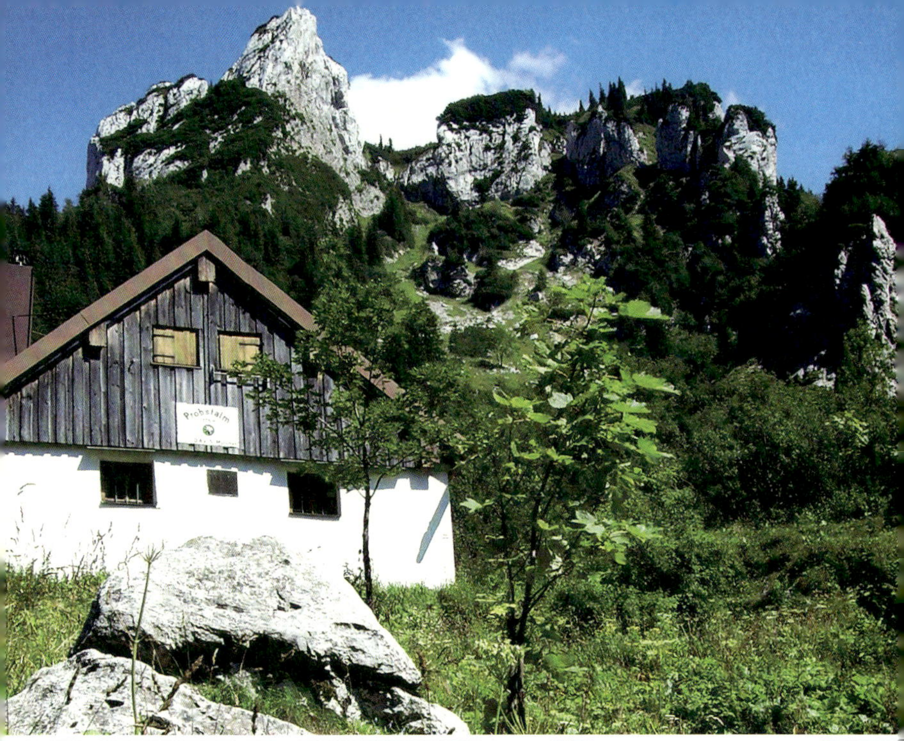
Probstalm

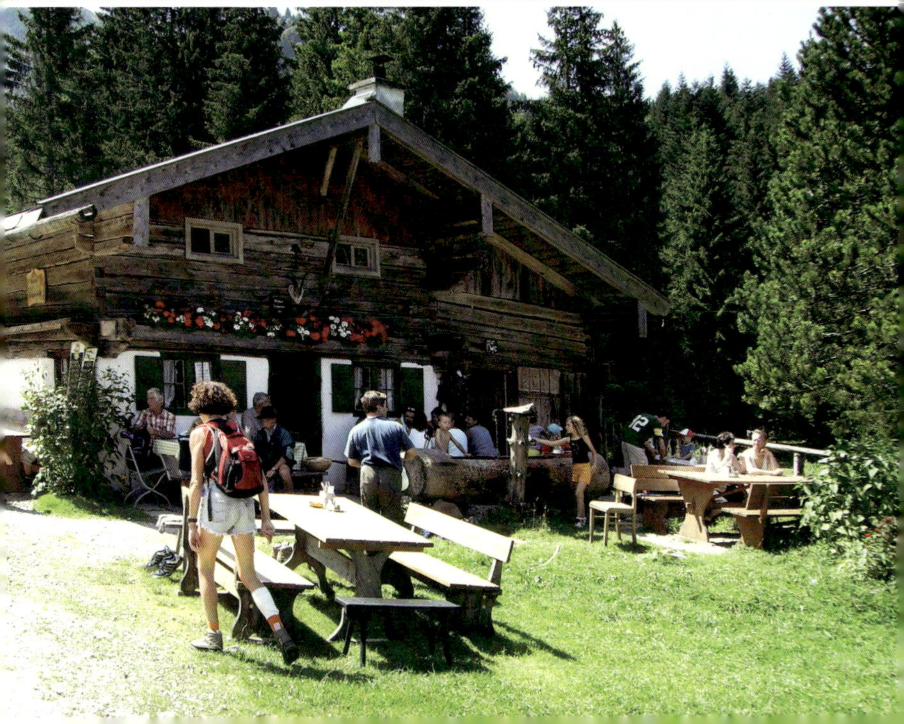

Latschenkopf 1712 m
Hinterer Kirchstein 1667 m
Probstenwand 1613 m
Probstalm 1367 m
Tennenalm 1479 m
Längentalalm 1035 m
Längental
Arzbach

LATSCHENKOPF UND PROBSTENWAND

Anfahrt: Von München auf der Autobahn Salzburg bis Holzkirchen, dann auf der B13 nach Bad Tölz. Auf der Südumgehung direkt nach der Isarbrücke abbiegen Richtung Wackersberg und bis Arzbach fahren. Wer auf der Garmischer Autobahn kommt, muss bei Sindelsdorf abfahren und auf der B472 bis Tölz. Dort vor der Isarbrücke abbiegen.

Ausgangspunkt: In Arzbach bei der Kirche links abbiegen zum Sportplatz, dort gibt es genügend Parkmöglichkeiten. Mit dem Rad zurück und bei der Kirche geradeaus Richtung Untermberg, Längental.

Höhe und Höhenunterschied: Latschenkopf 1712 Meter, Probstenwand 1613 Meter. Mit dem Rad bis zur Hinteren Längentalalm knapp 400 Höhenmeter. Anstieg zum Latschenkopf knapp 700 Höhenmeter. Variante Hennenkopf/Probstenwand 100 Höhenmeter weniger.

Fahr- und Gehzeit: Mit dem Rad eineinviertel Stunden aufwärts, 30 Minuten abwärts. Aufstieg bis Latschenkopf knapp zwei Stunden, Abstieg über die Tennenalm eineinhalb Stunden.

Schwierigkeit: leichte Radtour mit Ausnahme der steilen Strecke nach dem Wanderparkplatz. Aufstieg problemlos, ab Tennenalm steiler Abstieg.

Einkehr: Hintere Längentalalm, Kirchsteinhütte, Telefon 0172 8527795. Mail: kirchsteinhuette@t-online.de

Info: Tourismusbüro Lenggries, Telefon 08042/5008800.

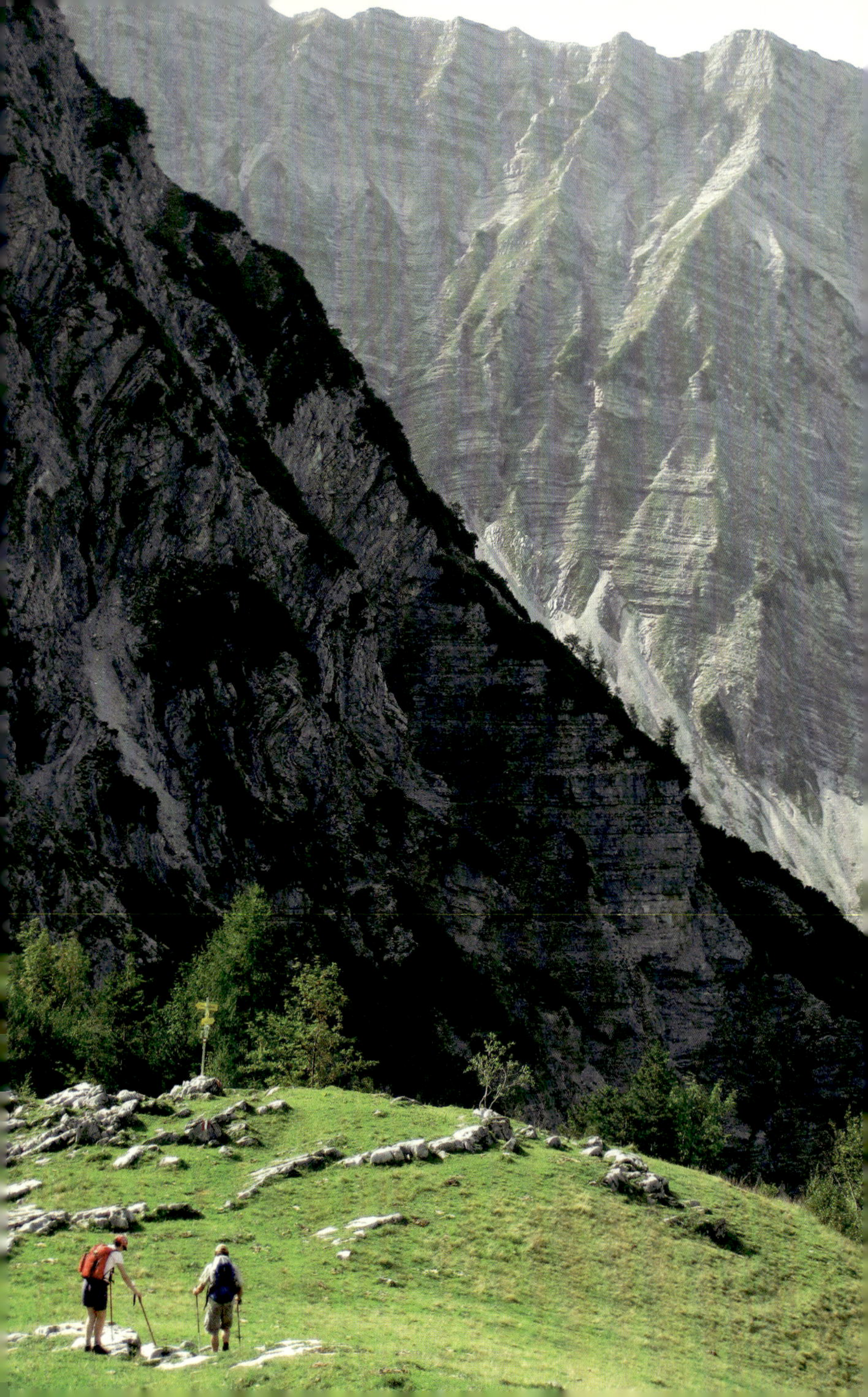

6 ZU MURMEL-
TIEREN UND GÄMSEN
AM DELPSSEE
MIT DEM RAD VON FALL INS
BÄCHENTAL UND LANGER AUFSTIEG
ZUM SCHAFREUTER

Murmeltiere sind gesellige Wesen und sie kommunizieren gerne mit Hilfe von mancherlei Pfiffen. Ein langer einzelner Pfiff warnt, wie die Experten behaupten, vor unmittelbar drohender Gefahr aus der Luft, insbesondere vor dem ärgsten Feind, dem Steinadler. Eine Serie von kurzen Pfeiftönen wiederum macht auf potenzielle Gefahr aufmerksam, die von einem Rotfuchs oder von Bergwanderern ausgehen könnte. Sie gehören zur Familie der Erdhörnchen, welche wiederum weitschweifig verwandt sind mit den Eichhörnchen.

Zu sehen sind die Viecherl nur selten, denn sie können ungeheuer flink in ihrem Bau verschwinden. Diese Behausung, an der oft Generationen gebaut haben, ist ein weit verzweigtes Tunnelsystem, in dessen Zentrum die Kammer für den Winterschlaf liegt, manchmal fünf Meter tief eingegraben. Murmeltiere leben in Großfamilien, die auch gemeinsam, möglichst eng zusammengerollt, versuchen, die kalte Jahreszeit zu verschlafen. Im Sommer sitzen sie gerne draußen aufrecht auf den Hügeln ihres Aushubmaterials, was den Anschein erweckt, als würden sie Wächter aufstellen. Mit 50 Zentimetern

Ziemlich schroff bietet sich die Ostwand des Schafreuters dem Wanderer dar, der vom Bächental herkommt.

---

per Rad:
ca. 400 Höhenmeter
zu Fuß:
ca. 950 Höhenmeter

ca. 6,5 h

Parkmöglichkeiten in Fall

47.569187,
11.534032
bzw.
47°34'09.1"N
11°32'02.5"E

Gäste-Info Lenggries

Trittsicherheit, Kondition

Tölzer Hütte

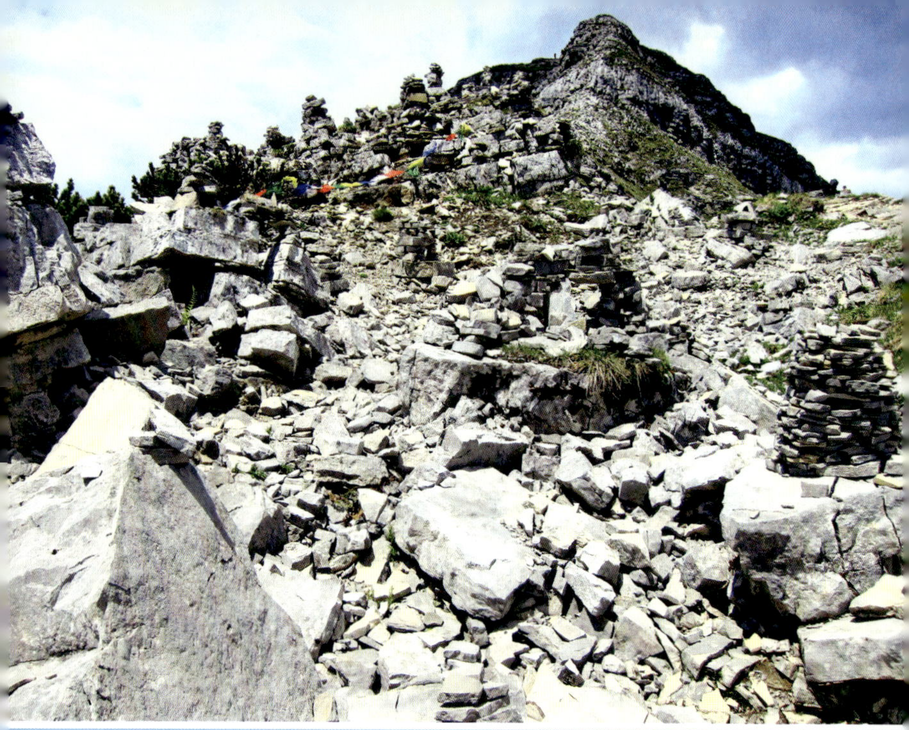

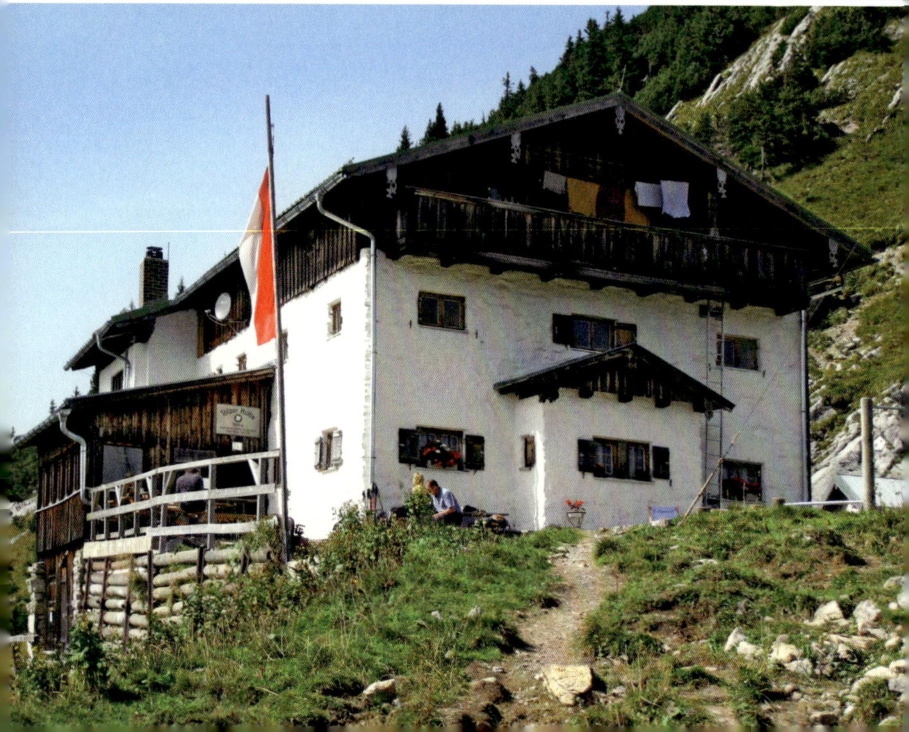

Körperlänge sind sie nach dem Biber die größten Nagetiere in Europa und fressen mit Vorliebe Wurzeln, junge Triebe und Blüten der Bergkräuter, aber auch Insekten und Würmer gehören zum Speiseplan, der einzig dazu dient, genügend Fettpolster für den Winter anzulegen. Bevorzugte Wohngegenden sind südseitige Lagen oberhalb der Baumgrenze, wie zum Beispiel der Abhang unterhalb des Delpssees am Schafreuter im Karwendel. Er ist durchlöchert wie ein Schweizer Käse. Hier lebt ein ganzes Dorf von Mankeis, wie sie in Bayern und Tirol heißen. Die putzigen Pelztiere zeigen kaum Scheu, es kommen wohl ziemlich wenige Menschen vorbei.

Der Weg dorthin beginnt in Fall am Sylvensteinsee. Wir fahren ins Dürrachtal hinein, wo das Wasser sich eine tiefe Klamm gegraben hat, und erreichen nach acht Kilometern die Staatsgrenze, kenntlich am ehemaligen Zollhäusl und daran, dass hier der Asphalt aufhört und der Alpenpark Karwendel beginnt. Die gekieste Straße führt zu einem kleinen Stausee, der nicht nur die Hochwasser aus Bächen- und Baumgartental auffängt, sondern auch viel Wasser durch den Berg in Richtung Achensee ableitet. Hier biegen wir ab nach Westen ins Baumgartental, Richtung Schafreuter. Ein Radl-Verbotsschild hält viele davon ab weiter zu fahren. Es signalisiert, dass jeder, der hier trotzdem fährt, dies auf eigene Gefahr tut. In Österreich kann der Eigen-

Vor dem Schlussanstieg zum Gipfel (links) lockt die Tölzer Hütte zur Einkehr und von ihrer Terrasse der weite Blick auf die Berge des Karwendels.

tümer einer Straße, egal ob Bundesforstamt oder Landwirt, haftbar gemacht werden, wenn darauf jemand zu Schaden kommt. Davor wollen sie sich durch die Verbotsschilder schützen. Allerdings gibt es in Wien seit Jahren Bestrebungen, dieses Gesetz abzuschaffen. Wer hier zu Fuß weiter geht, braucht hin und zurück zwei Stunden länger. Nach insgesamt 15 Kilometern, rund 400 Höhenmetern und nur wenigen stärkeren Steigungen erreichen wir den Baumgarten-Niederleger, bestehend aus ein paar Stadeln. Spätestens hier bleibt das Radl stehen, rechter Hand ist der Fußweg zum Delpssee und zur Tölzer Hütte ausgeschildert. Er ist einst mit viel Geschick angelegt worden, hölzerne Bohlen überbrücken morastige Stellen und die Markierungen sind ziemlich neu, offenbar gerade aufgefrischt.

Es geht durch alten Bergmischwald und nach 45 Minuten erreichen wir die freie Almlandschaft, wo der Steig ein kleines Bachbett quert und drüben mit undeutlichen Spuren zunächst die verwitterten Hütten der Delpsalm ansteuert, bevor er nach Westen abbiegt und einem Sattel zustrebt. Linker Hand auf den Schuttreißen unterhalb des Baumgartenjochs stehen etwa 20 Gämsen. Der kleine Delpssee liegt auf 1595 Metern Höhe im Sattel zwischen Stier-, Tor- und Baumgartenjoch. Er ist beinahe kreisrund, von binsenartigem Bewuchs umrahmt und in der glatten Wasserfläche spiegeln sich die Berge. Im Westen steht auf einem Grat unterhalb des Schafreuters die Tölzer Hütte (1825 m) die wir in einer halben Stunde erreichen

Begleitet von einer Gruppe zutraulicher Gämsen erreicht man bald die verwitterte Hütte der Delpsalm. Rechts oben Rast am Gipfel des Schafreuters.

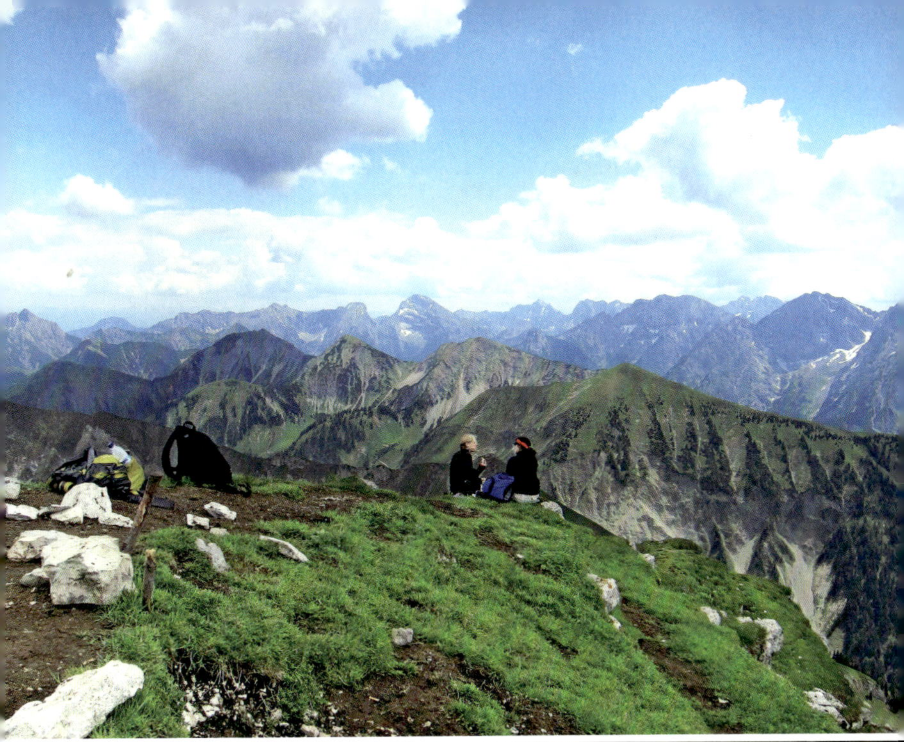

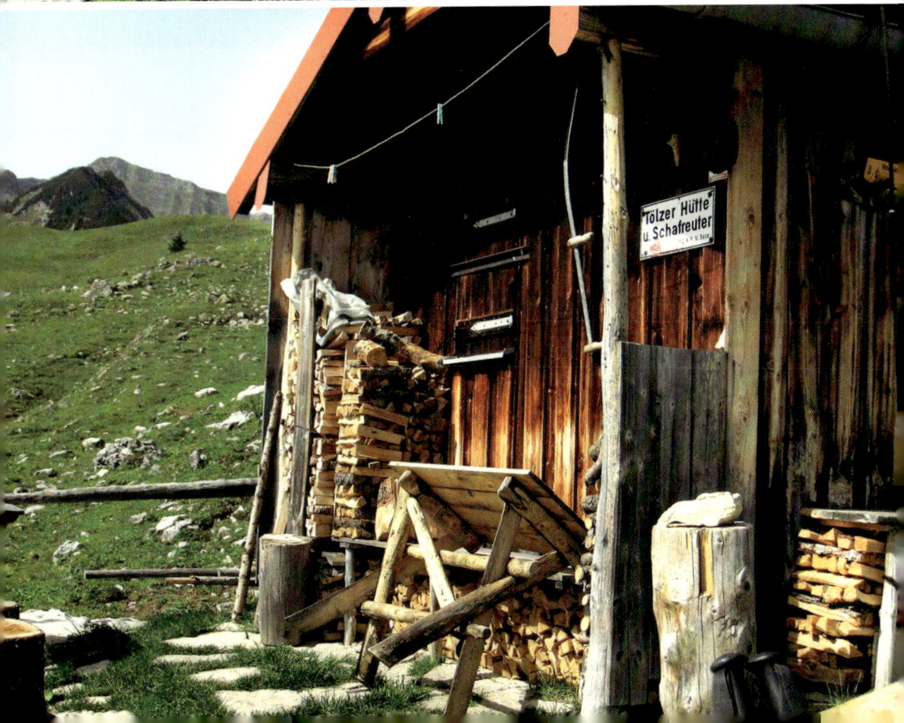
Tölzer Hütte
u. Schafreuter

und unterwegs noch rechts die interessante Sruktur der Felswand am Torjoch bewundern. An der Hütte treffen wir auf die vielen Wanderer, die aus dem Rißtal heraufkommen, um den Schafreuter zu erklimmen. Dessen markante Pyramidenform mit dem mächtigen Nordkar kann man oft schon aus dem bayerischen Oberland erkennen. Gut eine halbe Stunde geht es steil aufwärts, vorbei an einer kleinen Armee von Steinmännchen, bis man vom Gipfelkreuz (2101 m) aus die freie Sicht in alle Richtungen hat. Stünden da nicht die weiß glänzenden Zillertaler Dreitausender im Weg, könnte man wohl bis nach Italien schauen. Das Bier auf der Terrasse der Tölzer Hütte mit ihrem wunderbaren Ausblick ist nun redlich verdient. Auf dem Rückweg folgen wir am Delpssee den roten Markierungen auf den Steinen direkt ins Tal. Das ist der Südhang mit den Murmeltieren, ein Bau neben dem anderen, überall Löcher. Und in respektvoller Entfernung machen sie Männchen und schauen neugierig. Drüben unter dem Baumgartenjoch haben sich jetzt noch mehr Gämsen versammelt. Bei 60 hören wir mit dem Zählen auf. Nach einer Stunde sind wir beim Radl und in weiteren 35 Minuten am Parkplatz in Fall.

In der Nähe des Delpssees wohnt auch eine große Kolonie von Murmeltieren. Im Sattel oberhalb liegt (nicht sichtbar) die Tölzer Hütte.

Zur Eröffnung der Tölzerhütte gegeben von Hermann A. Reiss
5. X. 1924.

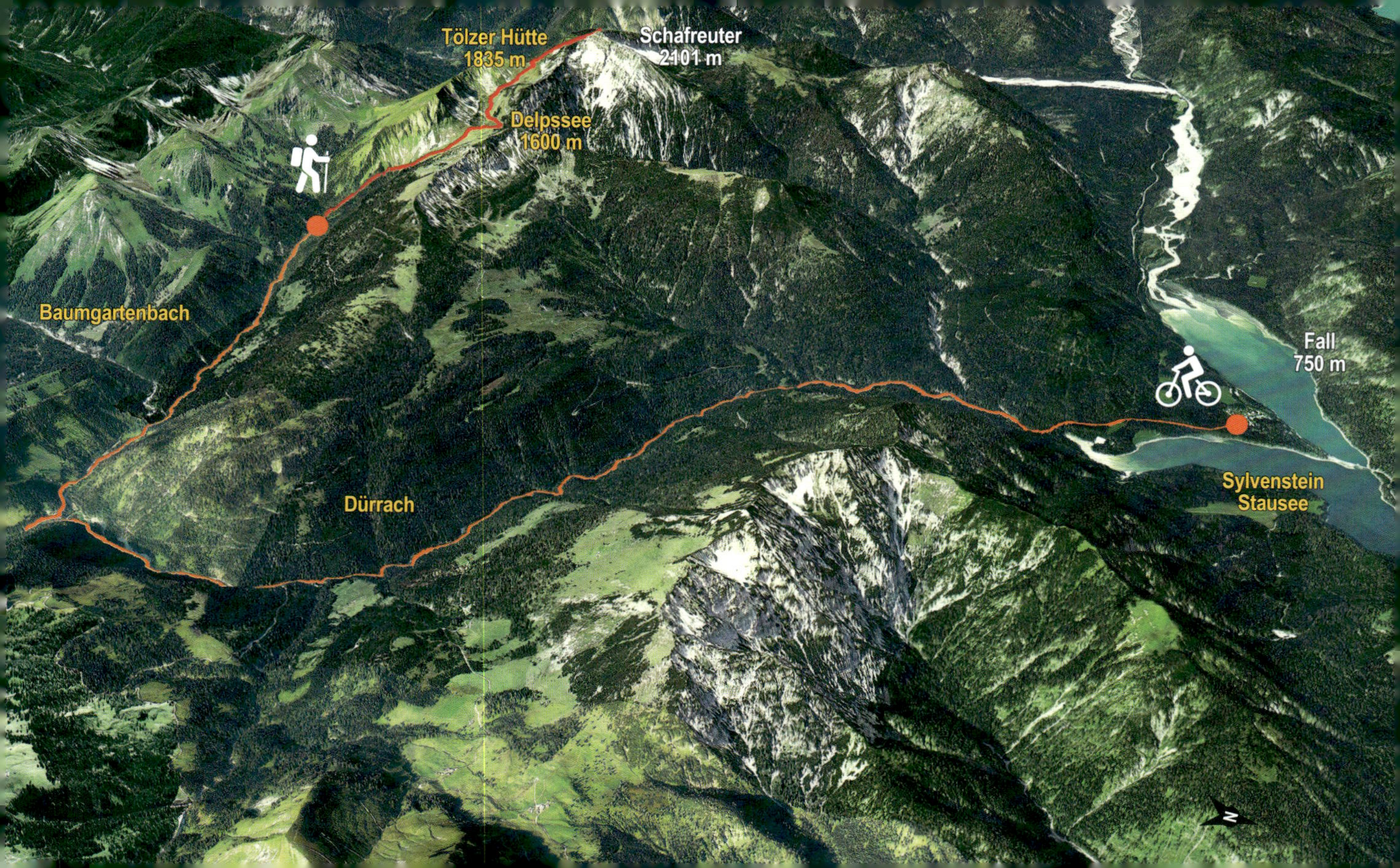

Tölzer Hütte
1835 m
Schafreuter
2101 m
Delpssee
1600 m
Baumgartenbach
Fall
750 m
Dürrach
Sylvenstein
Stausee
N

Anfahrt: Zum Sylvensteinsee geht es entweder über Bad Tölz und Lenggries oder über den Tegernsee und den Achenpass. An der Staumauer nach Vorderriß und Fall abbiegen.

Ausgangspunkt: In Fall sind genügend Parkplätze ausgewiesen. Die Tour beginnt am Südende des Ortes auf der Teerstraße ins Dürrachtal.

Höhe und Höhenunterschied: Die Höhenmeter zwischen Fall (750 m) und dem Schafreuter (2101 m) verteilen sich ungleichmäßig. Mit dem Rad ins Baumgartental sind es etwa 400 Höhenmeter, dann folgen noch 950 Höhenmeter auf den Gipfel. Manchen reicht aber auch schon die Tölzer Hütte als Ziel (1825 m).

Fahr- und Gehzeit: Mit dem Rad etwa eineinhalb Stunden, zu Fuß weitere zweieinhalb Stunden. Zurück zum Fahrrad zwei Stunden und dann nach Fall 35 Minuten.

Schwierigkeit: leichte Radtour, unschwierige Wanderung zur Tölzer Hütte und auf den Gipfel. Nötig sind Trittsicherheit und wegen der Dauer einige Kondition.

Einkehr: Tölzer Hütte, geöffnet Mitte Mai bis Mitte Oktober, Übernachtung möglich, Telefon 0049 1601450618, Mail: info@toelzer-huette.at

Info: Gäste-Info Lenggries, Telefon 08042/5008800,
Mail: info@lenggries.de

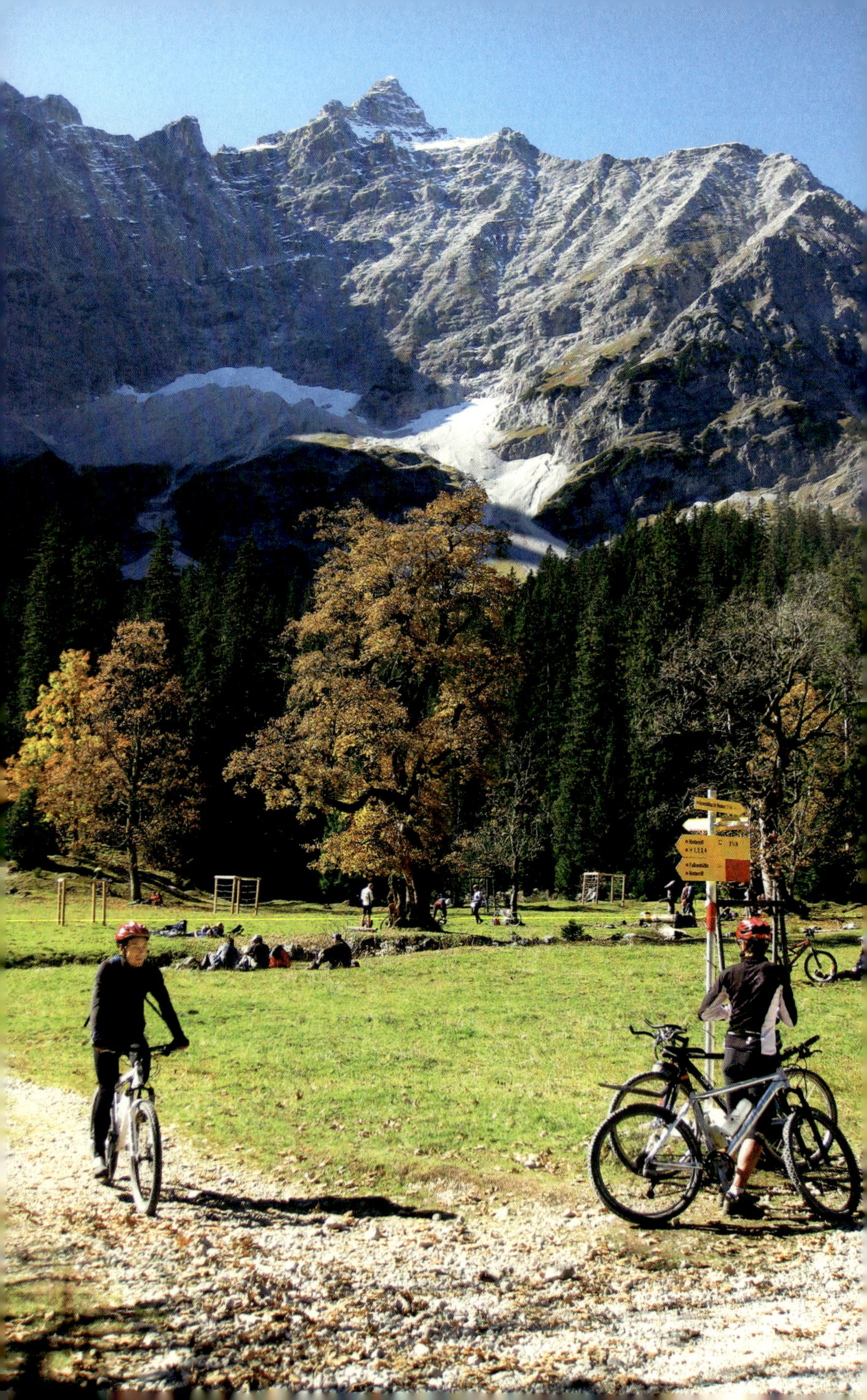

7 AUF DEN SPUREN DES KARWENDEL-FORSCHERS
DURCHS JOHANNESTAL BIS ZUR LADIZALM RADELN UND WIE HERMANN VON BARTH DIE FALKEN-GRUPPE BESTEIGEN

Da ging ein Raunen durchs Rißtal und über die angrenzenden Almen, als bekannt wurde, dass ein Fremder, noch dazu ein Stadtfrack, den bislang als unbesteigbar geltenden Risser Falk (2413 m), gleichsam das Wahrzeichen von Hinterriß, bezwungen hatte: „Es ist einer auf dem Falken gewesen!" Auch ohne Telegrafendrähte hatte sich die Nachricht am 1. Juli 1870 bereits bis in den Gasthof Neuner zu Hinterriß verbreitet, noch bevor der wagemutige Bergsteiger selber wieder dorthin zurückgekehrt war. Ein Hirte von der Ladizalm am Fuße des Mahnkopfes war schneller gewesen. Und außerdem: Wer scharfe Augen besaß, der konnte sogar vom Tal her und ohne Fernglas erkennen, was der Gipfelstürmer dort droben hinterlassen hatte – ein gewaltiges Steinmanndl als weithin sichtbares Zeichen seiner Erstbesteigung. So schildert Hermann von Barth nicht ohne einen gewissen Stolz die Früchte seiner alpinistischen Glanzleistung. Sie trug ihm sogar eine Einladung an die Tafel des Herzogs von Sachsen-Coburg ein, der gerade auf seinem Jagdschloss in Hinterriß weilte und sich nun von dem jungen

Am Kleinen Ahornboden treffen sich die Wege, die entweder zum Karwendelhaus (nach rechts) oder zur Falkenhütte führen.

---

per Rad: ca. 800 Höhenmeter
zu Fuß: ca. 520 Höhenmeter

ca. 5,5 h

Parkplätze in Hinterriß

47.471814, 11.467860
bzw.
47°28'18.5"N 11°28'04.3"E

Tourismusverband Silberregion Karwendel

gute Fahrtechnik, Kondition

mit Umweg Falkenhütte

Bergfex, übrigens einem studierten Juristen, genau erzählen ließ, wie er es geschafft habe, den Gipfel zu erklimmen. „Auf das Freundlichste empfing Se. Hoheit den irrfahrenden Bergwanderer und ließ mit sichtlicher Theilnahme die Einzelheiten der Ersteigung sich berichten, die den gewaltigen Wächter seines Jagdschlosses aus der Liste der jungfräulichen Berghäupter gestrichen hatte", schreibt Barth blumig in seinen Notizen. Dabei konnte er auch schildern, wie er seinen Erfolg letztlich nur einem Rudel Gämsen zu danken hatte, deren Routen im scheinbar weglosen Fels er genau beobachtet habe und einfach nachgeklettert sei. Natürlich vergaß er auch nicht zu erwähnen, dass er bereits am Vortag den benachbarten, beinahe ebenso schwierigen Laliderer Falk bezwungen hatte. Hermann von Barth war damals gerade mal 25 Jahre alt und bestieg in jenem Sommer nicht weniger als 88 Gipfel im Karwendel, ein Dutzend davon als Erster. Er beschrieb präzise jede seiner Unternehmungen und gilt als der große Erforscher dieses Gebirges. Am Kleinen Ahornboden, zu Füßen der von ihm so bewunderten Kaltwasserkarspitze, erinnert ein steinerner Obelisk mit Bronzetafel an seine Verdienste um den Alpinismus.

Der Weg dorthin führt weit hinauf ins Johannestal. Das Auto bleibt auf dem Parkplatz nahe der Mautstelle im Rißtal, wir radeln an dieser vorbei und biegen nach knapp zwei Kilometern rechts auf eine Piste ab. Nach der Brücke über den Rissbach weist ein Schild die Mountainbiker nach links auf eine ziemlich neue Forststraße. Ältere Beschreibungen ignorieren das und empfehlen die Auffahrt nach rechts. Dort ist der ziemlich steile Karrenweg aber teilweise in die Schlucht abgebrochen und deshalb offiziell gesperrt. Doch auch die Forststraße hat es in sich und lässt bald den Puls schneller schlagen. Etliche der eroberten Höhenmeter müssen dann aber in rasanter Abfahrt bis zur Kreuzung mit dem Karrenweg wieder preisgegeben werden. Nun geht es gemächlicher empor, dazwischen ein paar

Durchs Johannestal (rechts) geht es hinauf zum Kleinen Ahornboden und weiter zur Ladizalm (oben). Am Wegesrand blüht manchmal der ungarische Enzian.

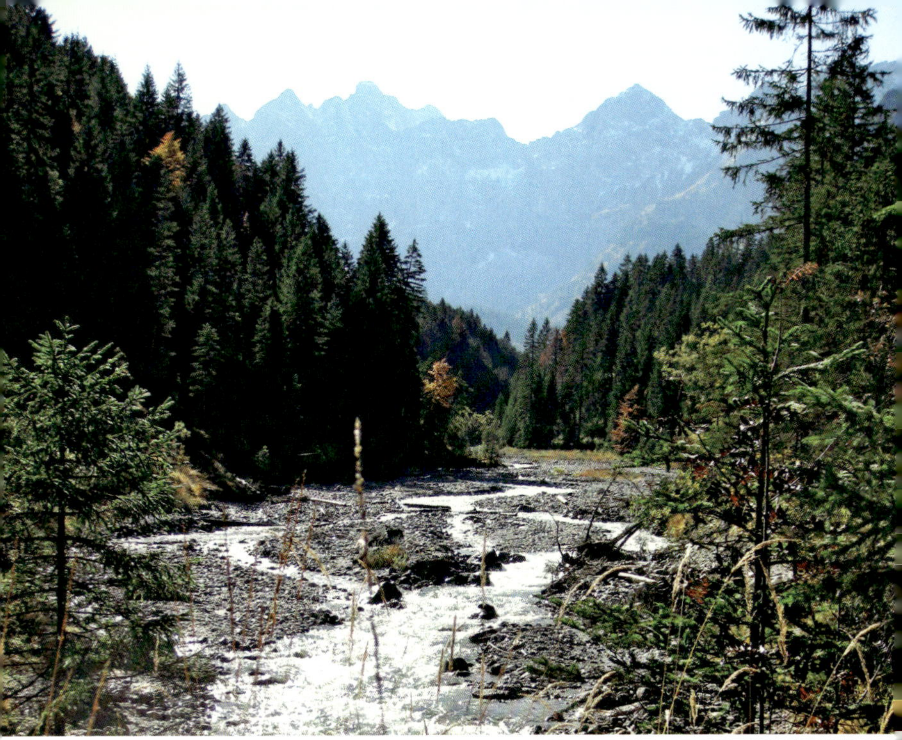

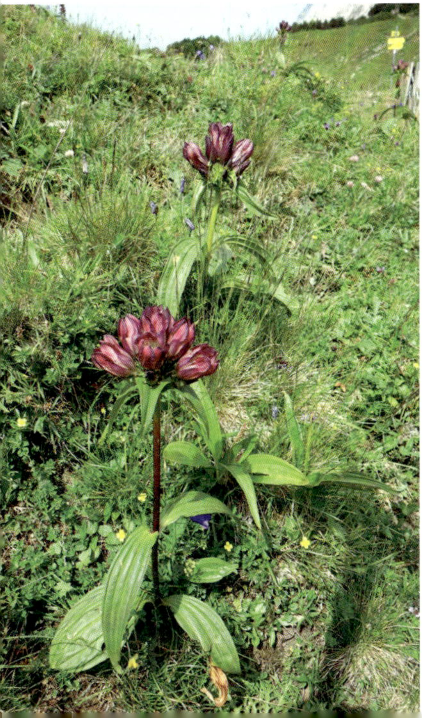

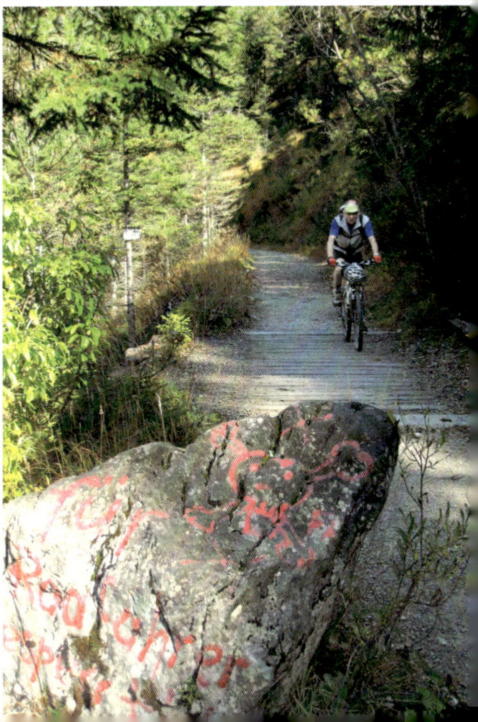

Komplett runderneuert präsentiert sich die Falkenhütte seit dem Jahr 2023. Rechts das etwas verfallene Schlösschen der Herren von Sachsen-Coburg in Hinterriss.

kleinere Abfahrten, linker Hand begleitet vom Massiv der Falkengruppe, nach vorne geradewegs in Richtung auf die tausend Meter hohen Wände der Karwendelkette zwischen Laliderer- und Birkkarspitze. Auf Höhe von 1300 Metern gabelt sich die Straße. Links werden wir auf dem Rückweg wieder herunterkommen. Zunächst aber halten wir uns rechts und kurbeln die knapp 200 Höhenmeter zum Kleinen Ahornboden hinauf. Das idyllische Hochtal mit seinen uralten Bäumen und einigen Jagdhütten vor der mächtigen Bergkulisse muss den Vergleich mit dem großen Bruder drüben in der Eng umso weniger scheuen als hier weder Omnibusse noch Blechschlangen die Landschaft zuparken. Auch Gastronomie sucht man vergebens. Wir halten uns links, am Barth-Denkmal vorbei, queren das Schotterbett des Baches und folgen einem ziemlich geröligen Wanderweg, der aber – wenn auch teilweise mühsam – befahrbar ist. Er trifft nach etwa drei Kilometern wieder auf die Forststraße, auf der wir nach rechts bis zur malerischen Ladizalm radeln, die übrigens immer noch dem Herzog von Sachsen-Coburg gehört. Dahinter ginge es recht steil weiter zur Falkenhütte, doch wir stellen die Räder ab und schnüren die Stiefel.

Der bis oben mit Gras bewachsene Mahnkopf (2094 m) bildet den südlichen Schlusspunkt der Falkengruppe und wir steuern ihn auf undeutlichen Wegspuren östlich der Almhütten zunächst nach Süden, dann links abschwenkend zum Ladizjöchl an, das in einer halben Stunde erreicht ist. Die letzten 300 Höhenmeter geht es steil und teilweise über Schrofen nach oben, da werden noch einmal gehörig die Kraftreserven angezapft. Doch der Aufwand wird mit einer grandiosen Aussicht belohnt, hinunter ins Laliderer Tal und hinüber zu den gleichnamigen Wänden, flankiert von all den Türmen und Felszacken ihrer Nachbargipfel in dieser langen Kette. Nach Norden stehen aufgereiht die „Falken" und wer es sich konditionell zutraut, könnte wohl den nächsten noch ersteigen. Es ist der Steinfalk (2347 m) und bis auf seinen Gipfel ist auch deutlich die Route markiert. Alpine Erfahrung und Schwindelfreiheit sind allerdings Voraussetzung, denn der Steig geht zum Teil recht ausgesetzt über steile Kare und am Schluss ist auch etwas Kraxelei angesagt. Vom Gipfel schaut man dann respektvoll auf Risser und Laliderer Falk, die Eroberungen des Hermann von Barth.

Der Rückweg folgt der Aufstiegsspur, es sei denn, man scheut nicht einen halbstündigen Umweg, um auf der Falkenhütte einzukehren und von dort auf der Schotterpiste zur Ladizalm hinab zu wandern. Für die rund zehn Kilometer Abfahrt durchs Johannestal – ohne den Abstecher zum Kleinen Ahornboden – ist auf der grobsteinigen Straße vor allem gefühlvolles Bremsen angesagt. Am Schluss nehmen manche Radler trotz des Verbotsschildes den Karrenweg, um einen Blick in die tief eingegrabene Schlucht des Johannesbaches zu werfen. Außerdem ersparen sie sich damit den letzten Gegenanstieg.

Falkenhütte
1848 m

Mahnkopf
2094 m

Steinfalk
2347 m

Ladizalm
1573 m

Kleiner Ahornboden
1400 m

Barth-Denkmal

Hinterriß

Anfahrt: Von München auf der Salzburger Autobahn bis Holzkirchen, dann über Bad Tölz und Lenggries zum Sylvenstein-Stausee. Hier rechts abbiegen nach Vorder- und Hinterriß.

Ausgangspunkt: In Hinterriß oder 1,5 km nach der Mautstelle (Parkplatz P4) am Eingang zum Johannestal.

Höhe und Höhenunterschied: Mit dem Mountainbike vom Rißtal (960 m) über den Kleinen Ahornboden (1400 m) bis zur Ladizalm (1573 m) sind es mit Gegenanstiegen etwa 800 Höhenmeter. Zu Fuß von dort auf den Mahnkopf (2094 m) noch einmal 520 Höhenmeter.

Fahr- und Gehzeit: Auf dem Fahrrad etwa zwei Stunden bergwärts und 40 Minuten zu Tal. Der Anstieg auf den Mahnkopf dauert knapp einein- halb Stunden, zurück eine Stunde (ohne Umweg über die Falkenhütte).

Schwierigkeit: Die mittelschwere Radtour erfordert Kondition und auf dem Weg vom Kleinen Ahornboden zur Ladizalm gute Fahrtechnik. Die Wanderung auf den Mahnkopf ist problemlos.

Einkehr: Unterwegs keine, außer mit Umweg zur Falkenhütte. Dort auch Übernachtung möglich. Kein Telefon, nur Mail: info@falkenhuette.at.

Info: Tourismusverband Silberregion Karwendel, Telefon 0043/5242/63240, Mail info@silberregion-karwendel.com.

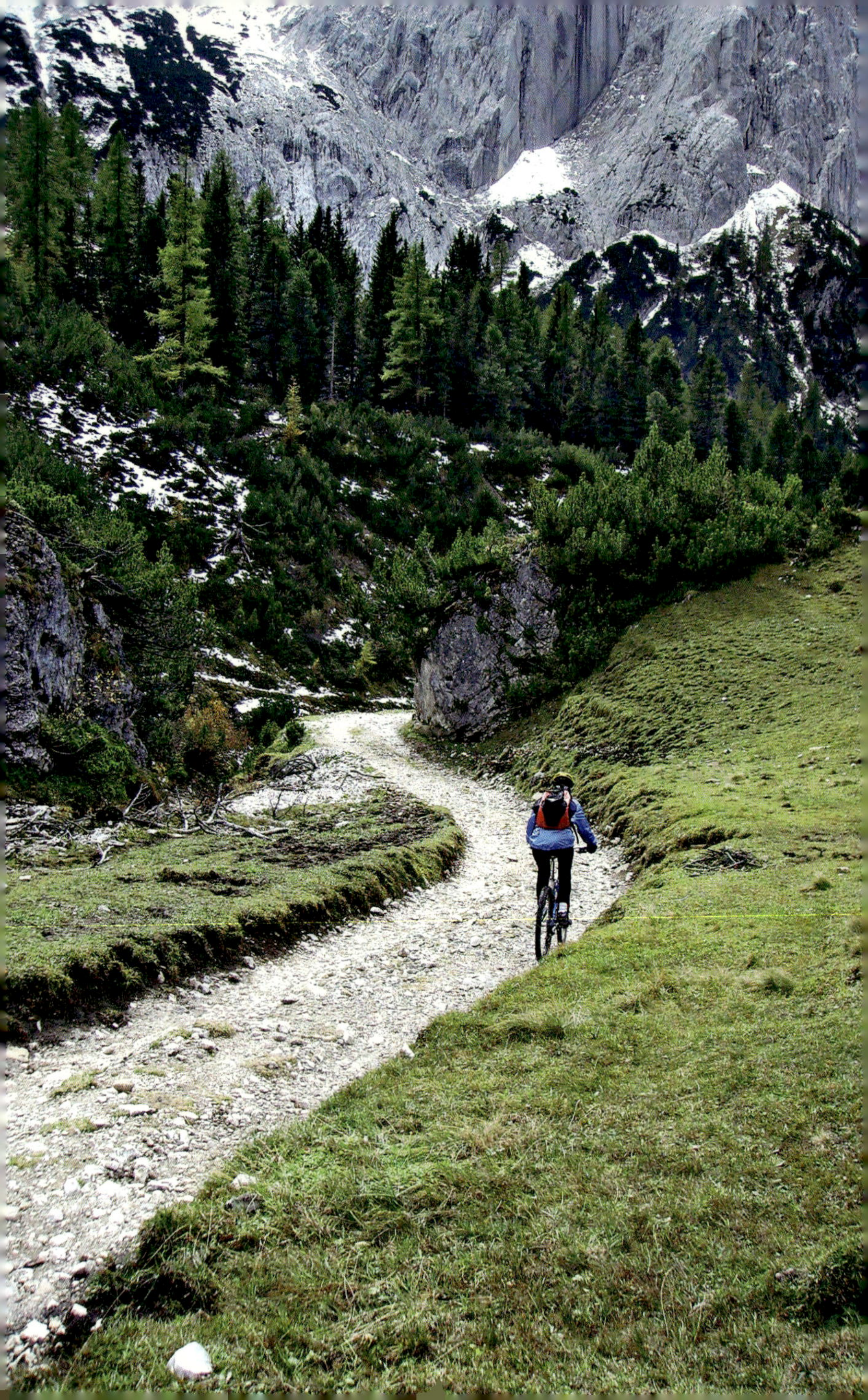

8 ZUM URSPRUNG DER ISAR TIEF IM KARWENDEL

RADLTOUR INS HINTERAUTAL MIT AUFSTIEG ZU HALLERANGERHAUS UND SPECKKARSPITZE

Wo beginnt die Isar? Bis vor ein paar Jahren konnte man darüber durchaus unterschiedlicher Meinung sein. Zu unübersichtlich war die morastige Wildnis am Ende des langen Hinterautales, das sich von Scharnitz ins Herz des Karwendelgebirges zieht. Überall gurgelten dort Rinnsale daher, wanden sich durch Weidengebüsch und Latschen, bildeten Inselchen, teilten und vereinigten sich wieder. Es war kaum auszumachen, wo das Wasser nun ursprünglich aus dem Boden quoll. Und weil erst mit Hilfe von Birkkarbach und Lafatscher Bach daraus ein richtiger Fluss entstand, betrachteten manche eher diesen Lafatscher Bach als den Ursprung und wollten den Quell der Isar weit droben in der Nähe des Hallerangerhauses ansiedeln. Doch dieser Bach führt nicht immer ganzjährig Wasser. Die Zweifel mussten gar endgültig verstummen, als der Isar-Ursprung im Hinterautal (1160 m) vor ein paar Jahren touristisch und pädagogisch erschlossen und entsprechend ausgebaut wurde. Ein Zaun mit Eingangstüre umgibt nun das Gelände, Schautafeln erklären Flora und Fauna, Tische und Bänke laden zum Verweilen und ausgeholzte Pfade geleiten den Suchenden zu den säuberlich beschilderten Isarquel-

Abfahrt vom Hallerangerhaus entlang der schroffen Felswände des Kleinen Lafatscher.

---

per Rad:
ca. 350 Höhenmeter
zu Fuß:
ca. 550 Höhenmeter
(+950 m Speckkarspitze)

ca. 5 h
(+4,5 h Speckkarspitze)

Parkplatz Infozentrum Scharnitz

47.385418, 11.267369
bzw.
47°23'07.5"N 11°16'02.5"E

Hallerangerhaus, Halleranger Alm

Trittsicherheit (Speckkarspitze), Kondition

Kastenalm, Hallerangerhaus, Halleranger Alm

Noch ungezähmt plätschert die Isar durchs Hinterautal.

len Nummer eins und zwei. Was die Naturschützer als Verschandelung brandmarken, betrachtet Josef Draxl, der Grundeigentümer und Initiator des Projekts, als eine pädagogische Großtat. Sein Anliegen ist es, allen an der Isar lebenden Schulkindern den Lebensraum dieses Flusses näher zu bringen. Die „Möblierung" des Quellgebietes geschah denn auch im Rahmen einer Projektwoche mit den Kindern der Scharnitzer Volksschule.

Es kommen aber nicht nur Schulkinder, denn das Hinterautal übt mit seiner urtümlichen Fluss- und Hochgebirgslandschaft große Anziehungskraft aus auf jegliche Fuß- und Radwanderer. Letztere haben es wesentlich leichter, die 14 Kilometer von Scharnitz her zu bewältigen, auch wenn es gleich zu Beginn etwas bergauf geht. Aber wirklich steil wird es nie und die 300 Höhenmeter verteilen sich relativ gleichmäßig. Man hat genügend Muße, die Ausblicke weit hinein ins Karwendel zu genießen, dessen Gipfel zumeist mehr als 2500 Meter hoch aufragen, oft noch mit Firnspitzen geschmückt. Rechter Hand eilt uns die junge grüne Isar über Kiesel und

Lafatscher Bach und Speckkarspitze (2621 m) begleiten den einsamen Radler.

Geröll entgegen, als könnte sie es gar nicht erwarten, die große Welt zu sehen. Sie weiß noch nichts von den vielen Kläranlagen, Stauseen, Kanälen und Kraftwerken auf dem langen Weg zur Donau. Bis zu den Isarquellen braucht man mit dem Fahrrad etwa eine Stunde, kurz danach zweigt links der südseitige Aufstieg zur Birkkarspitze (2749 m) mit dem Übergang zum Karwendelhaus ab. Interessant ist es, hier die Folgen der Erosion mitzuerleben. Ein ausgedehnter Schuttkegel, ständig vom hier unterirdisch fließenden Birkkarbach geschoben, hat im Laufe der Zeit einige Ahornbäume bis auf halbe Höhe zugeschüttet. Nach einem weiteren Kilometer erreichen wir das eingezäunte Weidegelände der bewirtschafteten Kastenalm (1220 m). Ein Schild mahnt, die Räder hier draußen zu lassen. Weil es zum Haus aber noch einige hundert Meter sind, braucht man entweder ein gutes Schloss oder viel Vertrauen in die Mitmenschen. Doch die Brotzeit dort muss warten, wir wollen zum Hallerangerhaus, 500 Höhenmeter hinauf in das Seitental, wo der Lafatscher Bach herkommt, vielleicht sogar noch auf die Sunntigerspitze.

Offiziell entspringt die Isar hier. „Geburtshilfe" leistet aber der Lafatscher Bach (rechts) von weiter droben. Das Schild kündet von der Arbeit der Schüler.

Die Räder bleiben besser hier unten, denn besonders die nächsten drei Kilometer sind nur etwas für Masochisten oder Mountainbike-Profis: Eine steile Schotterpiste mit Steigung bis zu 32 Prozent. Linker Hand nimmt der Lafatscher Bach die Steilstufe elegant in einer Serie von Wasserfällen. Droben wird es zwar etwas flacher, aber immer wieder gewürzt mit knackigen Aufschwüngen. Der Weg ist weit, aber nie langweilig. Der lockere Bergwald gibt stets aufs Neue Ausblicke frei, und bei den urigen Almhütten des Lafatscher Niederlegers (1577 m) erreichen wir endgültig das offene Weidegelände des Hochtals, umrahmt von den schroffen Wänden des

Großen und des Kleinen Lafatscher, der Speckkarspitze und der Sunntigerspitze. Nach Querung des Lafatscher Baches teilt sich der Weg. Geradeaus zum Hallerangerhaus der DAV-Sektion Schwaben, links hinauf zum privaten Alpengasthof Halleranger Alm, der ebenfalls Zimmer und Lager für Übernachtungen anbietet. Beide sind nur zehn Minuten voneinander entfernt, der Gasthof liegt sonniger und sogar noch sechs Meter höher (1774 m). Neben ihm gruppieren sich noch ein paar Wirtschaftsgebäude für den sommerlichen Almbetrieb, fast ein kleines Dorf mitsamt einer Mini-Kapelle. Auf der Homepage fehlt nicht der Hinweis, dass gleich in der Nähe die Isar entspringt. Ein idealer Ausgangsort für weitere Aktivitäten. Wenn man allerdings am selben Tag wieder heim möchte, dann empfiehlt sich nach gebührender Rast der geordnete Rückzug. Wer früh dran und gerade gut im Training ist, der könnte noch der Sunntigerspitze (2321 m) einen Besuch abstatten, dem nahen und absolut unschwierigen Hausberg, hin und zurück etwa drei Stunden. Wer aber noch einen weiteren Tag Zeit hat, der sollte übernachten und dann frisch am Morgen die Speckkarspitze (2621m) angehen, den anderen und anspruchsvolleren Hausberg. Die gut beschilderte Route führt nach Süden, vorbei an alten Lärchen zunächst 300 Höhenmeter steil hinauf zum Lafatscher Joch. Eine Verzwei-

Die Hauskapelle der Hallerangeralm (oben). Rechts das Hallerangerhaus des Alpenvereins und die grüne Isar.

gung wird ignoriert, hier kommen wir am Rückweg wieder an. Der Weg vom Joch über den Südwestgrat ist weniger steil und durchgehend mit roten Markierungen versehen. Zunächst ziemlich schotterig, lässt sich der Steig weiter oben im gewachsenen Fels besser gehen. Dort muss man auch öfters die Hände zu Hilfe nehmen. Während der fälligen Brotzeit am Gipfelkreuz isst das Auge kräftig mit. Zu grandios sind die Blicke auf die nahen und fernen Bergketten. Für den Abstieg kommt als Variante der Nordwestgrat in Frage, steil und schotterig über Schrofen und durch Rinnen, aber oben mit einem Drahtseil gesichert. Er mündet in ein breites Kar und schließlich nahe dem alten Jochkreuz in den Aufstiegsweg. Zurück zu den Rädern laufen wir von hier noch mehr als zwei Stunden, danach aber geht es in 45 Minuten nach Scharnitz.

Übrigens: Was haben das Karwendelgebirge und Englands berühmtester Dichter William Shakespeare gemeinsam? Nun, den Namen. Das Karwendel (bis ins 19. Jahrhundert war damit nur das Karwendeltal gemeint) leiten die Sprachforscher von „Ger-wendil" ab, was so viel heißt wie „der Mann, der den Speer schüttelt". Und Shakespeare bedeutet im Englischen das Gleiche – to shake a spear.

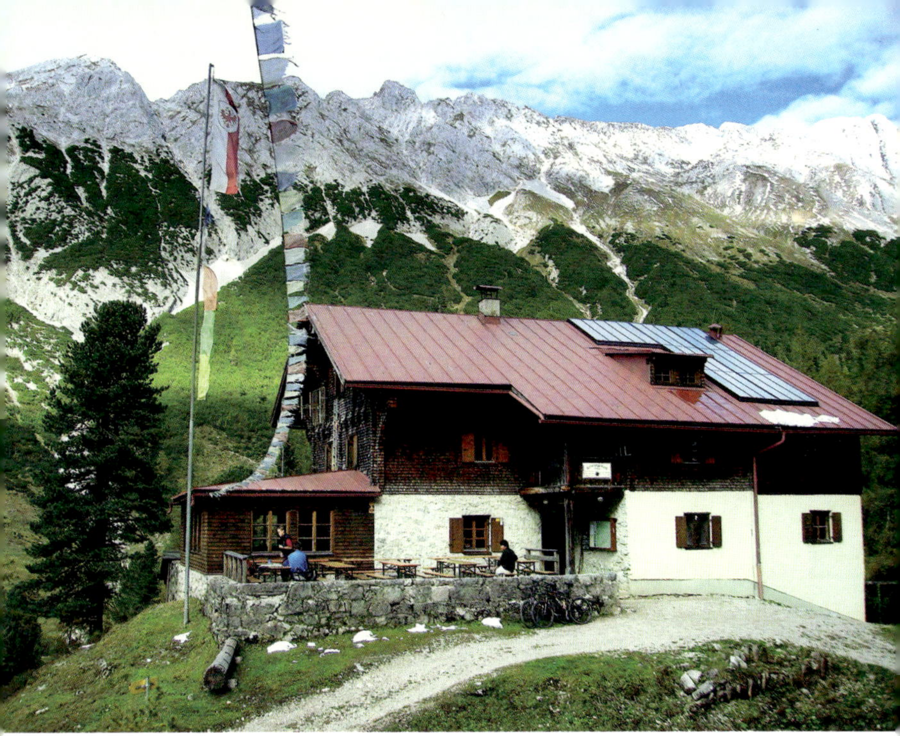

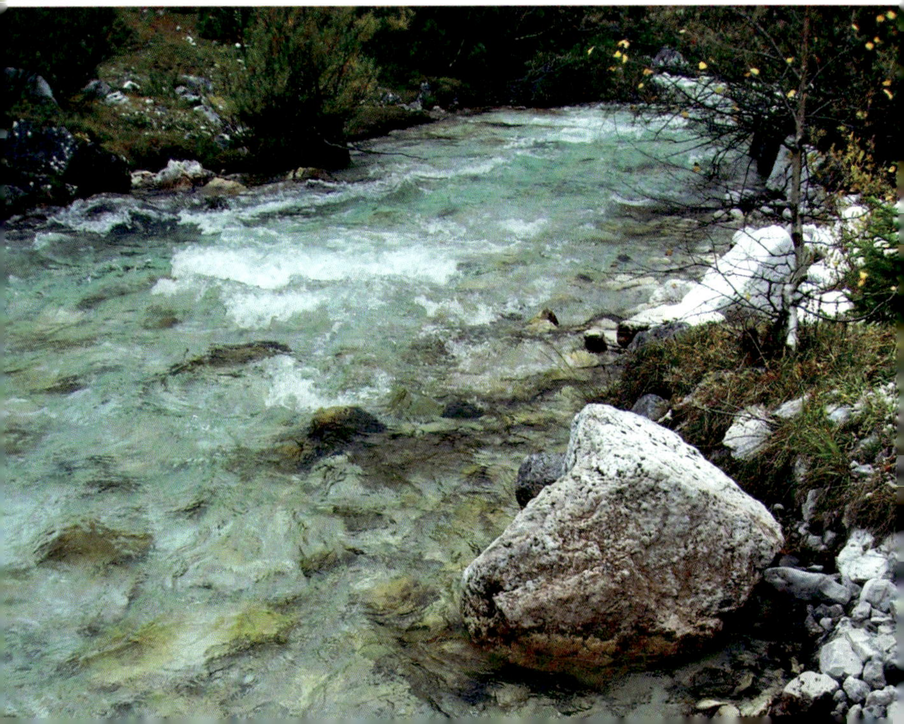

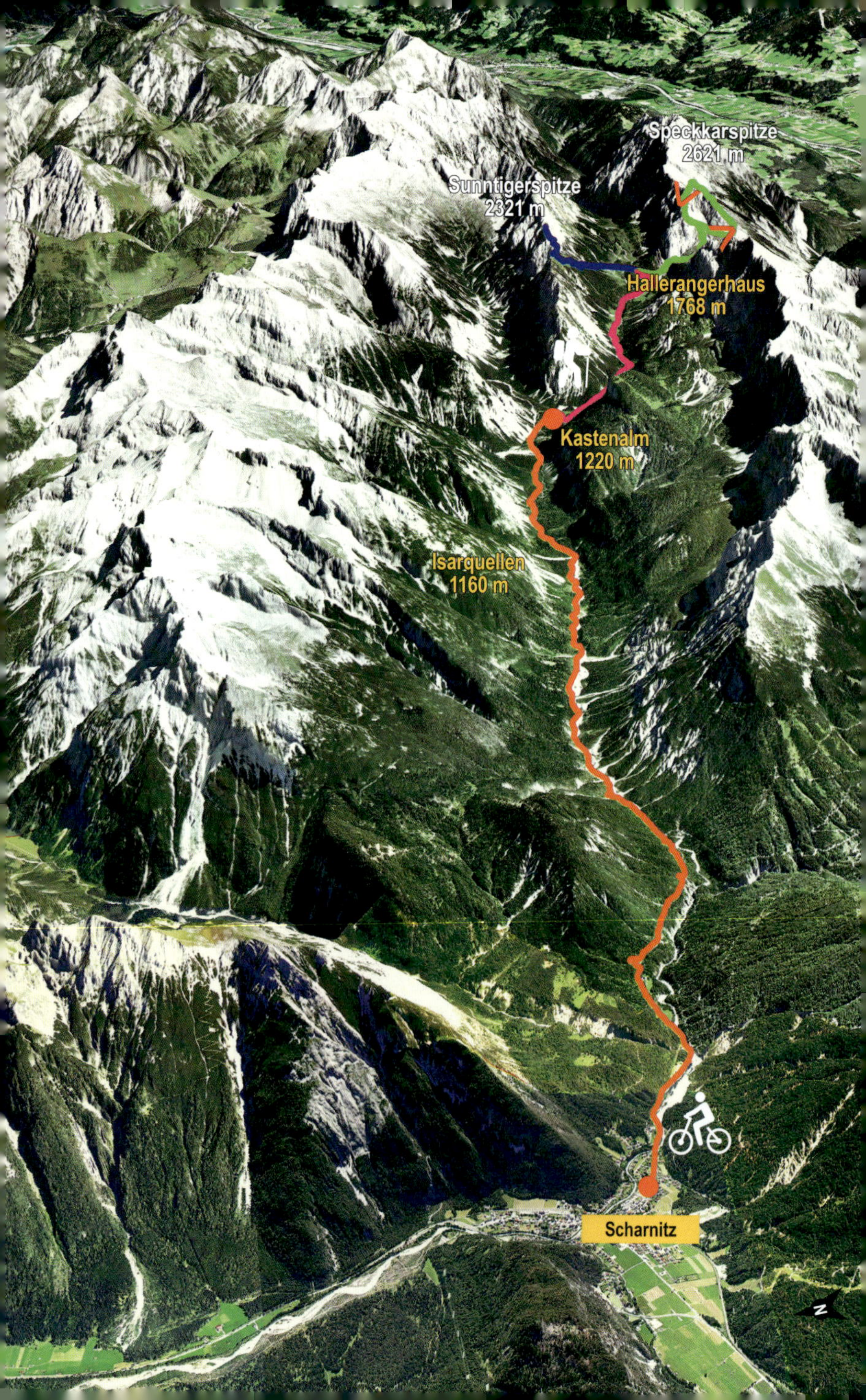
Speckkarspitze
2621 m
Sunntigerspitze
2321 m
Hallerangerhaus
1768 m
Kastenalm
1220 m
Isarquellen
1160 m
Scharnitz
N

Anfahrt: Von München über Mittenwald nach Scharnitz. Dort bei der Kirche links abbiegen Richtung Hinterautal.

Ausgangspunkt: Am besten der letzte Parkplatz am östlichen Ortsrand, alle sind gebührenpflichtig. Über die Isarbrücke und der Ausschilderung Hinterautal folgen.

Höhe und Höhenunterschied: Bis zur Kastenalm (1220 m) im Auf und Ab 350 Höhenmeter. Aufstieg zum Hallerangerhaus (1768 m) weitere 550 Höhenmeter. Bis auf die Speckkarspitze (2621 m) noch einmal 950 Höhenmeter. Insgesamt zu Fuß also 1400 Höhenmeter. Auf die Sunntigerspitze sind es 300 Höhenmeter weniger.

Fahr- und Gehzeit: Mit dem Rad zur Kastenalm eine Stunde. Wanderung zum Hallerangerhaus eineinhalb Stunden. Aufstieg zur Speckkarspitze von dort etwa zweieinhalb Stunden. Abstieg bis zur Kastenalm dreieinhalb Stunden und Rückfahrt 45 Minuten.

Schwierigkeit: leichte Radltour, auch mit normalem Rad. Aufstieg zum Hallerangerhaus problemlos. Für die Speckkarspitze ist alpine Erfahrung nötig, Kraxelei im Schwierigkeitsgrad I/II. Trittsicherheit und Schwindelfreiheit sind Voraussetzung.

Einkehr: Kastenalm, Hallerangerhaus, Halleranger Alm. Geöffnet von Anfang Juni bis Mitte Oktober.

Info: Hallerangerhaus, Telefon 0043 720347028, E-Mail: info@hallerangerhaus.at. Halleranger-Alm, Telefon 0043 6641055955 oder 0043 720316853, Mail: schallhart@halleranger-alm.at.

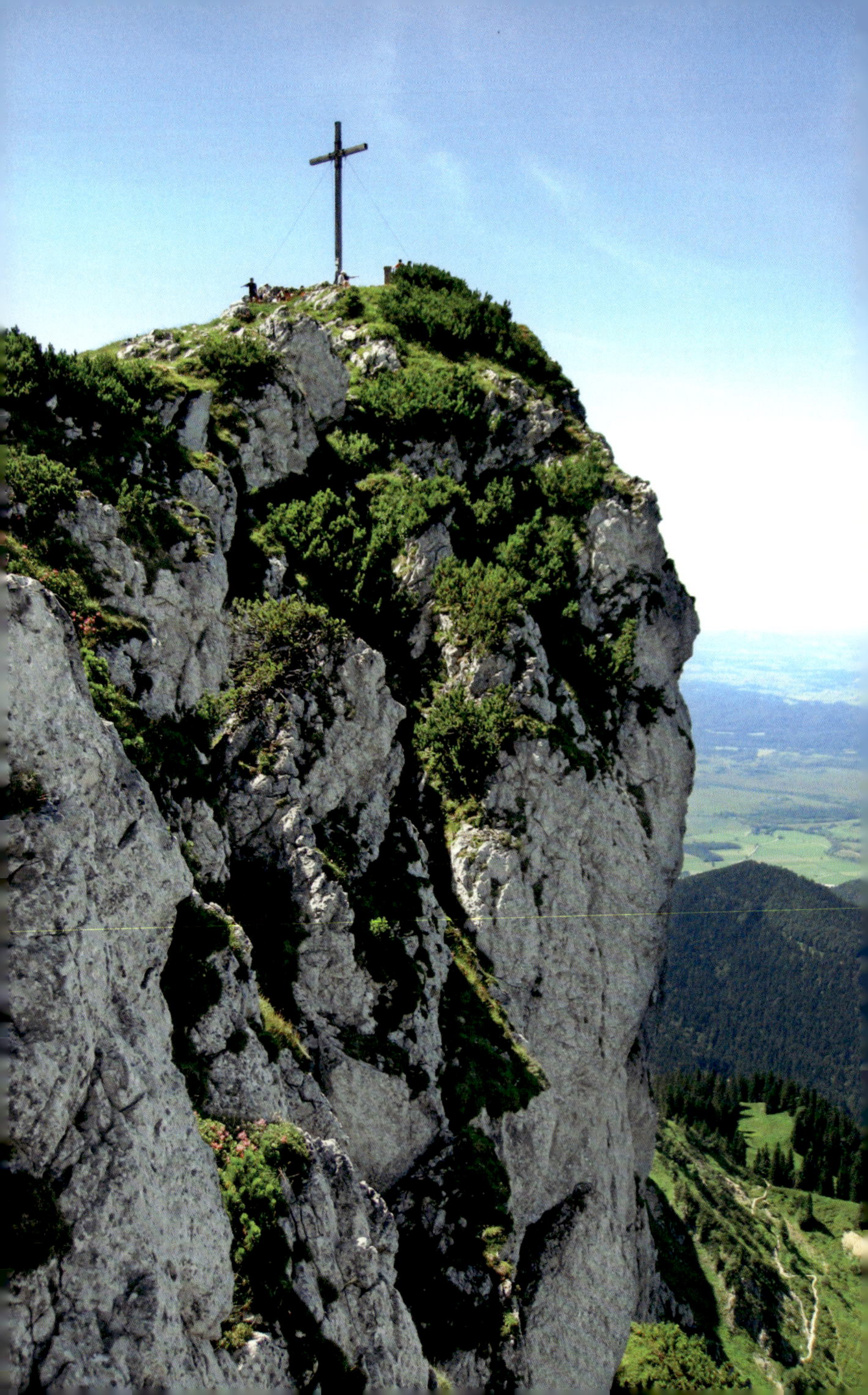

9 VOM HOHEN BUCKEL INS OBER-LAND SCHAUEN
VON BENEDIKTBEUERN KANN MAN FAST BIS ZUR TUTZINGER HÜTTE HINAUFRADELN

per Rad:
ca. 700 Höhenmeter
zu Fuß:
ca. 650 Höhenmeter

ca. 6 h

Parkplatz nahe Alpenwarmbad

47.697530, 11.416563
bzw.
47°41'51.1"N 11°24'59.6"E

Tutzinger Hütte

Trittsicherheit, Kondition

Tutzinger Hütte

Die Benediktenwand hat viele Gesichter. Mal ruht sie behäbig mit rundem Buckel wie eine zufriedene Katze am Alpenrand hinter dem Starnberger See. Schaut man aber aus den Ammergauer Bergen oder vom Karwendel hinüber, dann gleicht der gezackte Rücken eher dem einer urzeitlichen Echse. Und steht man, zum Beispiel auf der Terrasse der Tutzinger Hütte, direkt vor der schroffen Nordwand, dann sucht das Auge unwillkürlich nach möglichen Aufstiegsrouten im Gewirr der Bänder, Führen, Kamine, Gras- und Latschenflecken. Mehr als ein Dutzend Besteigungsmöglichkeiten sind in die verblasste Fotografie eingezeichnet, die im Gastraum hängt, vom ersten bis zum achten Schwierigkeitsgrad. Die meisten Bergwanderer gehen allerdings ganz normal über den West- oder den Ostanstieg zum Gipfelkreuz, das exakt einen Meter über die 1800er-Marke hinausragt. Es handelt sich übrigens um ein ziemlich neues Exemplar, weil das alte irgendwann zu morsch geworden war. Im Sommer 2023 haben mehr als 150 Benediktbeurer zusammengeholfen, um ein mächtiges neues Kreuz hinaufzutragen und stabil zu verankern. Vorher taten sie das, was auch die meisten Wanderer vor

Das Gipfelkreuz auf der Benediktenwand wurde im Sommer 2023 erneuert. Unser Bild zeigt noch das alte.

dem Gipfelsturm zu tun pflegen: Kraft tanken in oder vor der rundum mit Lärchenholz verkleideten Hütte, denn der zweistündige Aufstieg von Benediktbeuern her war schon lang. Die „Benewand" ist deshalb ein beliebtes Ziel all jener, die nicht nur den Anmarsch gerne mit Hilfe eines Mountainbikes verkürzen, sondern vor allem natürlich den öden Hatscher zurück ins Tal.

Zeheinhalb Kilometer misst die Distanz auf der Forststraße vom Parkplatz am Alpenwarmbad in Benediktbeuern bis zur Talstation der Materialseilbahn. An den eigens dafür installierten Geländern warten oft mehrere Dutzend Bergradl auf die Rückkehr ihrer Chauffeure. Sorgfältig abgesperrt sind sie, denn die Versuchung, sich schnell mal ein Radl für den Heimweg „auszuleihen", dürfte bei manch müdem Wanderer groß sein.

Auf den ersten vier Kilometern darf man sich von der heftigen Steigung nicht den Schneid abkaufen lassen, denn der Rest ist nicht mehr allzu schwer. Einige der soeben mühsam erkämpften 400 Höhenmeter verlieren wir gleich wieder in flotter Abfahrt zur Kohlstattalm, wo meistens kühles Wasser in den hölzernen Grand sprudelt, danach geht es mehr auf als ab, aber wenig anstrengend durch waldreiche Vorberge bis zur Eibelsfleckalm, die nicht nur als Viehweide, sondern auch als Außenposten des Zentrums für Umwelt und Kultur des Klosters Benediktbeuern genutzt wird. Kurz danach trennen sich die Wege. Links geht es ins Lainbachtal und zurück nach Benediktbeuern, geradeaus weiter in Richtung Tutzinger Hütte und im Anstieg bis zur Materialbahn heißt es noch einmal kräftig treten. Dann aber ist Endstation und es geht nur noch zu Fuß weiter, 30 Minuten bis zur Hütte. Die kann seit ihrem Neubau (1998–2000) mit modernster

Die im Jahr 2000 neu errichtete Tutzinger Hütte hat schon einiges erlebt, zum Beispiel den Aufprall einer gewaltigen Lawine im März 2009 (links unten).

Haustechnik aufwarten, von der Fußbodenheizung bis zum Solarmodul, vom gasbetriebenen Blockheizkraftwerk bis zur biologischen Kläranlage. Der große Tank fürs Gas steht übrigens drunten bei der Materialbahnstation. Nabelschnur ist eine von Mitgliedern der DAV-Sektion selber gebaute, 600 Meter lange Gasfreileitung zur Hütte. Die Stabilität des neuen Hauses wurde schon mehrfach auf eine harter Probe gestellt. Im Winter 2000 drückten derart gewaltige Schneelasten auf das Dach, dass an der Statik kräftig nachgebessert werden musste und im März 2009 rauschte eine riesige Lawine den westlichen Abhang herunter, zertrümmerte wenige Meter daneben die Hausstattalm und schob deren zerborstenen Balken bis vor die Wand der Tutzinger Hütte. Da hatte wohl ein kräftiger Schutzengel die Hand dazwischen gehalten. Per Hubschrauber musste eine Schneefräse ein geflogen werden, um damit durch den drei Meter hohen, betonharten Lawinenkegel den Eingang freizulegen. Die Hausstattalm wurde im Jahr darauf wieder aufgebaut.

Nahezu senkrecht türmen sich die grauen Felsmassen der „Benewand" hinter der Tutzinger Hütte gen Himmel, durchzogen von diversen Kletterrouten.

Für die Gipfelbesteigung bietet sich eine Rundtour an, mit Aufstieg über die Westflanke. Von der Hütte wandern wir zunächst an einer hübschen Quelle vorbei bis kurz vor die himmelwärts ragende Felswand, wo sich die Wege trennen. Der Westaufstieg ist etwas einfacher und damit kürzer. Zunächst in Serpentinen über die Schuttkegel, dann quert der Steig hinüber zur Wegkreuzung nahe der Glaswandscharte, immer mit Ausblicken zum Jochberg und ins Karwendel. Ab der Kreuzung steigt der Weg steil nach links durch lichte Latschenbestände empor und nach eineinviertel Stunden kommt das Gipfelkreuz in Sicht, etwas unterhalb steht eine Wetterschutzhütte. Früher hieß der Berg Kirchstein, doch die Sage erzählt, dass ein päpstlicher Gesandter, der vom Kesselberg her diesen Gipfel erklimmen und von hier den ersten Blick ins Oberland werfen konnte, tief beeindruckt nur noch ein „benedicta Bavaria (gesegnetes Bayern)!" gemurmelt habe. Daher die Namensänderung. Bei klarem Wetter schaut man weit hinaus ins Land, zum Starnberger See und bis München, auf der anderen Seite hinein in die gipfelreiche Bergwelt mit den markanten Nachbarn Schafreuter und Guffert

Für den Abstieg gehen wir weiter nach Osten, hinab über ein paar seilversicherte Schrofen bis in den Sattel, der die Benediktenwand von den Achselköpfen trennt. Hier folgen wir der Beschilderung nach links zur Tutzinger Hütte, wo Hüttenwirt Thomas Mayr schon am Zapfhahn steht. Jetzt sind es nur noch 20 Minuten bis zu den Fahrrädern. Weil man das Lainbachtal einfach mal gesehen haben muss, nehmen wir uns für die Abfahrt diese Strecke vor. Der Abzweig scharf rechts kommt nach 1,5 km und wird nicht nur mit Wegweisern, sondern auch von einer kleinen Regenschutzhütte markiert. Nach weiteren 1,5 km geht die Forststraße in einen recht groben Schotterweg über, steil hinab ins Lainbachtal zu einer Fußgängerbrücke. Dann radeln wir auf einem breiten Spazier- und Fahrweg den Wildbach-Lehrpfad entlang, der seine Entstehung einem verheerenden Hochwasser verdankt. Mitte der neunziger Jahre hatte ein einziges Gewitter über der Benediktenwand genügt, den Bach in einen reißenden Strom zu verwandeln, der Betonmauern und Brücken zerstörte und entwurzelte Bäume zu riesigen Barrieren türmte. Lehr- und Schautafeln erzählen diese Ereignisse und erklären die schon gebauten oder noch geplanten Versuche, die Natur zu zähmen. Besonders spektakulär ist die Ansammlung riesiger stählerner Pfeiler mitten im Flussbett, die angeschwemmte Bäume auffangen sollen. Der Weg führt schließlich über eine Brücke, links davon findet sich eine kleine gemauerte Grotte zur Marienverehrung. Hier biegen wir links ab und erreichen nach etwa einem Kilometer den Parkplatz am Warmbad.

Benediktenwand
1801 m

Tutzinger Hütte
1327 m

Lainbachtal

Benediktbeuern

BENEDIKTENWAND

Anfahrt: Von München Autobahn A95 bis Ausfahrt Sindelsdorf, von dort über Bichl nach Benediktbeuern. Den Ort durchfahren und nach dem Ortsende links abbiegen.

Ausgangsort: Parkplatz am Warmbad Benediktbeuern. An dessen Nordseite der Asphaltstraße nach Osten folgen.

Höhe und Höhenunterschied: Benediktenwand 1801 Meter. Mit dem Fahrrad bis zur Materialseilbahn 10,5 Kilometer und 700 Höhenmeter. Von dort Aufstieg über Tutzinger Hütte und den Westgrat 650 Höhenmeter.

Fahr- und Gehzeit: Eineinhalb Stunden mit dem Fahrrad bis zur Talstation der Materialbahn, von dort 30 Minuten Fußweg zur Hütte und dann noch einmal etwa eineinhalb Stunden zum Gipfel. Der Abstieg bis zu den Fahrrädern dauert etwa 90 Minuten, die Abfahrt durchs Lainbachtal bis zu 45 Minuten.

Schwierigkeit: Für die Auffahrt solide Kondition nötig, der Aufstieg ist problemlos. Trittsicherheit erforderlich.

Einkehr: Hütte der DAV-Sektion Tutzing (1327 m) mit Speisen und Getränken sowie Möglichkeit zur Übernachtung. Geöffnet von Ende April bis Anfang November. Außerdem Gaststätten in Benediktbeuern.

Info: Tutzinger Hütte, Telefon 0175/ 1641690 oder E-Mail: kontakt@tutzinger-huette.de. Tourist-Info Benediktbeuern Telefon 08857/248. Mail tourismus@benediktbeuern.de.

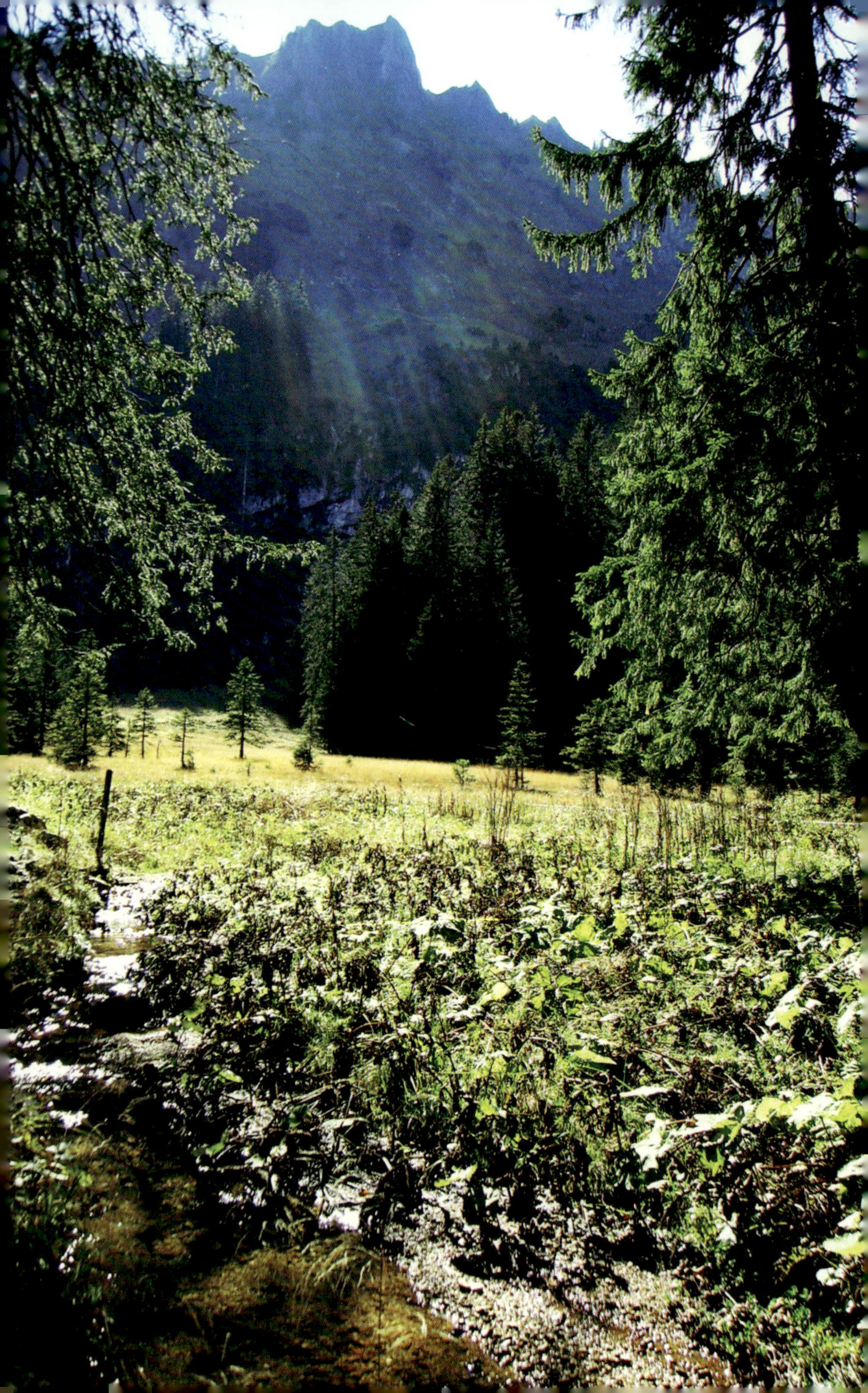

10 DURCH STILLE TÄLER AUF DEN BRUNNENKOPF

RADLTOUR ENTLANG DEN QUELL-
BÄCHEN DER AMMER UND EIN
GEMÜTLICHER AUFSTIEG

Wenn die braunen Ziegen hier am Rande des Bergwaldes keine Glöckchen um den Hals gehabt hätten, konnte man sie bei flüchtigem Hinschauen glatt für Gämsen halten. Doch sie gehörten ebenso zum Streichelzoo der Gaststätte Forsthaus Unternogg wie zwei treuherzig schauende Esel. Das ist Jahre her, Wirtschaft und Zoo sind seit langem geschlossen. Schade! Der kleine Weiler hieß zu Zeiten Ludwigs II. eigentlich Sophiental, die Einheimischen haben aber von jeher „in der Nogg" gesagt und dabei ist es geblieben. Der Kini soll hier sogar mal gespeist und dann übernachtet haben, weil ein Unwetter die Straße Richtung Steingaden fortgerissen hatte. Dabei war auch der königliche Kurier Ginhart mit Ross und Wagen in den Fluten verschwunden, wie ein Marterl an der Forststraße besagt, die der Halbammer flussaufwärts folgt. Dieses Flüsschen eilt in normalen Zeiten leise rauschend dahin, nur die massiven Uferverbauungen aus gewaltigen Felsblöcken und die Wälle aus schotterigem Geschiebe lassen ahnen, welche Gewalten hier toben können, wenn bei Dauerregen oder Schneeschmelze das Wasser von den Bergen herabströmt. Der Halbammer ist allerdings kein langes Dasein vergönnt. Sie

Am nordseitigen Fuß des Brunnenkopfes
breitet sich eine idyllische Moorwiese aus.

---

per Rad:
ca. 400 Höhenmeter
zu Fuß:
ca. 500 Höhenmeter

ca. 4 h

Parkplatz
Halbammer

47.646500,
10.969875
bzw.
47°38'47.4"N
10°58'11.6"E

Tourismusbüro
Ammergauer Alpen
Oberammergau

Trittsicherheit
genügt

Brunnenkopfhäuser

entsteht vier Kilometer südlich von Unternogg aus den Zuläufen namens Hengst-, Bayer- und Klammbach und vereinigt sich bereits bei Altenau mit der Ammer.

Der große Wanderparkplatz liegt wenige Meter hinter dem Forsthaus und ist reich mit Hinweisschildern sowie einer Übersichtstafel bestückt. Wir radeln auf der nach Süden führenden Straße stets Richtung Wasserscheide und Trauchgau. Die Steigung ist sehr moderat. Nach fünf Kilometern heißt es aufpassen, die Beschilderung an einer Gabelung fällt nicht gleich ins Auge, doch bei genauerem Hinsehen zeigt der Wegweiser Trauchgau/Brunnenkopf scharf nach rechts. Jetzt wird es etwas steiler, doch auf den immer wieder folgenden flacheren Passagen bleibt Zeit zum Verschnaufen. Irgendwann taucht ein großes, eingezäuntes Kreuz auf, dann ein hölzernes Jagdhaus, die Mardersteighütte. Jetzt ist es nicht mehr weit, denn nach zehn Kilometern endet die Straße und geht in einen Fußweg über. Hier, auf etwa 1200 Metern Höhe, bleiben die Räder zurück.

Der Steig führt durch urwaldartigen, von Felsen durchsetzten Mischwald aus Ahorn, Tanne und Fichte und mündet bald in eine weiträumige, nahezu ebene Moorwiese, aus der uns das Bächlein entgegenmurmelt, das uns schon den ganzen Aufstieg über begleitet hat. Gegenüber ragt eine steile Wand empor, deren filigrane Spitze das Gipfelkreuz des Brunnenkopfes trägt. Rechter Hand, gen Westen, türmt sich die Kleine Klammspitze.

Am Gipfel und vor den Brunnenkopfhäusern herrscht meist reges Treiben. Rechts unten die große mit der Kleinen Klammspitze sowie die Halbammer.

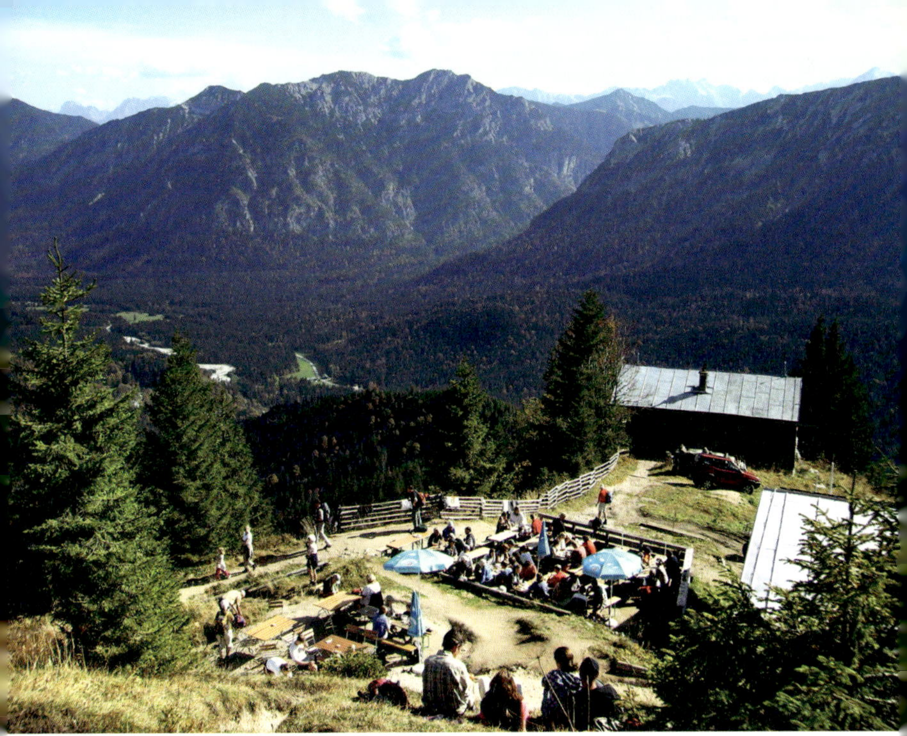
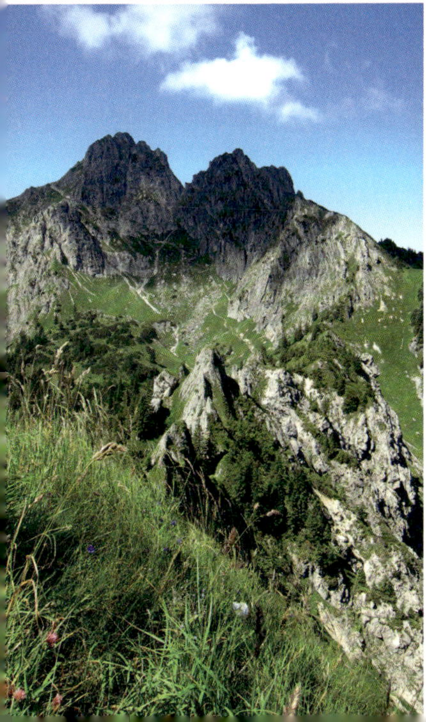
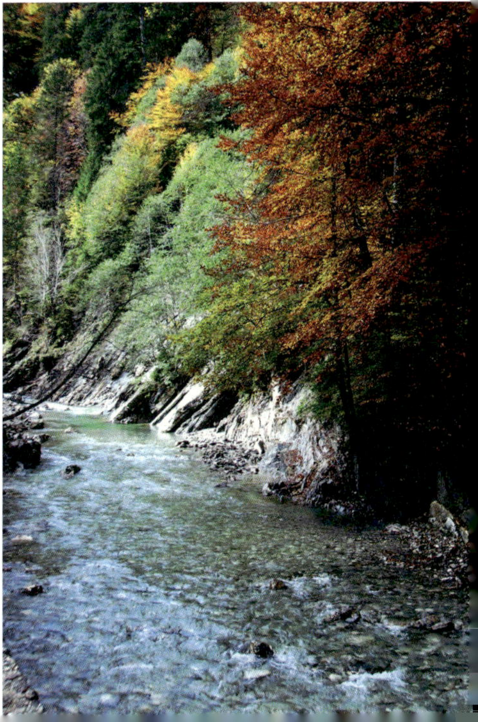

Der Weg führt den Bach entlang geradeaus hinüber zu etlichen mächtig dicken, uralten Bergahornen, die in herbstlicher Färbung mit dem berühmten Ahornboden im Karwendel konkurrieren könnten. Dann windet er sich nach links in vielen Serpentinen den steilen Hang hinauf, bis er schließlich droben auf gleich zwei Wege trifft. Von links mündet der Pfad, der sich vom Pürschling her den Kamm entlangzieht. Der andere kommt als breiter Fahr- und Wanderweg von Linderhof herauf und dem folgen wir nach rechts zu den Brunnenkopfhäusern, die nach ein paar Minuten erreicht sind. Wenn er in seinem Schloss Linderhof weilte, zog sich König Ludwig II. gerne hierher in die Bergeinsamkeit zurück. Heute suchen an schönen Tagen ganze Scharen von Wanderern dieselbe vergeblich. Auf dem Weg von Unternogg herauf begegnet man hingegen mehr Gämsen als Menschen.

Die eigentlich schon redlich verdiente Rast heben wir uns auf, schließlich ist der Gipfel nicht mehr weit. Direkt von der Terrasse der Brunnenkopfhäuser geht es nach rechts den Grashang hinauf, erst mit Hilfe von einigen hölzernen Stufen, dann als steiler Steig. Schon eine Viertelstunde später kommt der Gipfelaufbau in Sicht, ein Drahtseil sichert die letzten Schritte

Grünes Wasser und interessante Felsformen an der Halbammer. Nahe der Hütte finden sich sowohl geschnitzte, wie auch echte Steinpilze (rechts).

über felsige Schrofen. Viel Platz gibt es nicht rund ums Gipfelkreuz, das die Saulgruber Trachtler hier in 1718 Metern Höhe zu Ehren ihrer verstorbenen Kameraden aufgestellt haben, doch der Ausblick ist gewaltig: Im Norden hinaus ins bayerisch-schwäbische Oberland, im Westen lockt die noch 200 Meter höhere Große Klammspitze und nach Süden hin staffeln sich die Gebirgszüge der Ammergauer Berge zwischen Notkar- und Kreuzspitze vor dem dominanten Riegel des Wettersteins mit der Zugspitze.

Drunten vor dem Brunnenkopfhaus, das der DAV-Sektion Bergland gehört, schmeckt dann die Brotzeit, und falls man früh genug dran ist und überschüssige Kräfte verspürt, könnte man sich sogar noch die Besteigung der imposanten Klammspitze überlegen. Rund drei Stunden sollten für Hin- und Rückweg eingerechnet werden, zudem wären absolute Trittsicherheit und Schwindelfreiheit notwendig, denn im oberen Teil ist etwas Felskletterei angesagt.

Beim Rückweg zu den Fahrrädern heißt es genau hinschauen, denn auf den Abzweig vom breiten Hauptweg kurz nach den Brunnenkopfhäusern weist nicht das kleinste Schildchen hin. Dennoch ist er nicht zu verfehlen: Gegenüber steht unübersehbar ein großer hölzerner Schuppen. Eine Stunde später beginnt die Schlussetappe für Genießer. In rascher Fahrt geht es nur noch bergab durch die Wälder und am Fluss entlang. 23 Minuten später ist der Parkplatz erreicht.

Brunnenkopf
1718 m

Brunnenkopfhäuser
1602 m

Unternogg

Anfahrt: Auf der Garmischer Autobahn A95 bis Ausfahrt Murnau/Kochel, über Murnau nach Bad Kohlgrub und Saulgrub. Dort Richtung Unterammergau. Kurz vor dem Ortsende rechts abbiegen nach Altenau und geradeaus durchfahren nach Unternogg.

Ausgangspunkt: In Unternogg an der ehemaligen Gaststätte Forsthaus noch vorbeifahren bis zum großen Wanderparkplatz im Wald. Hier Straße Richtung Süden (Wasserscheide/Trauchgau).

Höhe und Höhenunterschied: Brunnenkopf 1718 Meter. Mit dem Fahrrad einschließlich kleiner Gegenanstiege 400 Höhenmeter, dann Aufstieg von 500 Höhenmetern.

Fahr- und Gehzeit: Auf dem Rad etwa eine Stunde und 15 Minuten aufwärts, zu Fuß die gleiche Zeit. Abstieg eine Stunde, Abfahrt 23 Minuten.

Schwierigkeit: leichte Radtour und auch der Aufstieg verläuft ohne Probleme. Trittsicherheit genügt.

Einkehr: Brunnenkopfhäuser der DAV-Sektion Bergland, geöffnet Mitte Mai bis Ende Oktober. Übernachtung möglich.

Info: Tourismusbüro Ammergauer Alpen Oberammergau, Telefon 08822/922740, Mail: Info@ammergauer-alpen.de
Brunnenkopfhäuser, Telefon 0175/6540155.
Mail: info@brunnenkopfhuette.de.

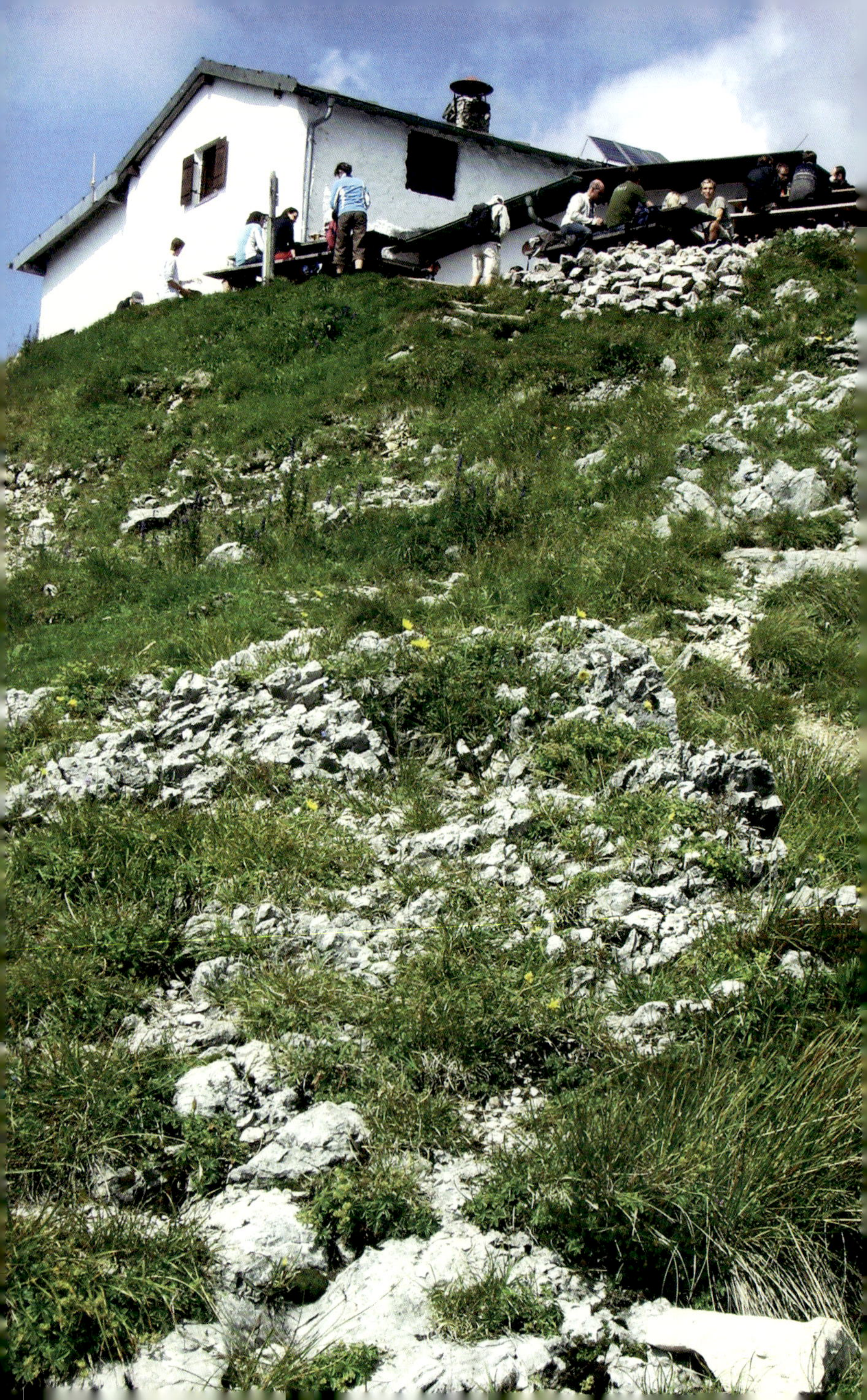

11 EINSAMER STEIG ZUM BELIEBTEN GIPFEL
RADLTOUR VON ESCHENLOHE AUS
UND AUFSTIEG AUS DEM GRABEN DER
GRIESSLAINE

Der hohe Bogen, mit dem die neue Brücke in Eschenlohe die Loisach überquert, ist nicht nur elegant, sondern auch ein Hoffnungsträger. Diese neue Konstruktion soll maßgeblich dazu beitragen, dass die schlimmen Überschwemmungen im Ort endgültig der Vergangenheit angehören. Denn jedes Mal, wenn die Loisach nach Starkregen Hochwasser führte, sammelte sich am Mittelpfeiler der alten Brücke das Treibgut, das wie ein Stauwehr wirkte und das Abfließen der Wassermassen verhinderte. Beim verheerenden Augusthochwasser im Jahre 2005 brachen daraufhin zu beiden Seiten auf weite Strecken die Dämme und die braune Brühe schwappte hüfthoch durch die Straßen und Häuser des Ortes. Zur Besichtigung der Katastrophe reisten damals nicht nur Ministerpräsident Edmund Stoiber, sondern sogar Kanzler Gerhard Schröder und sein Innenminister Otto Schily ins Werdenfelser Land. Jetzt erinnern an diese Ereignisse nur noch eine schwarzgelbe Wasserstands-Messlatte neben der Brücke am westlichen Loisachufer und die dort in Beton gegossene Jahreszahl 2006, das Baujahr des neuen Übergangs.

Weil es unhöflich wäre, den Gasthäusern in Eschenlohe die Parkplätze zu blockieren,

per Rad:
ca. 500 Höhenmeter
zu Fuß:
ca. 650 Höhenmeter

ca. 5 h

Parkplatz westlich Eschenlohe

47.595911,
11.197454
bzw.
47°35'45.3"N
11°11'50.8"E

Verkehrsamt Eschenlohe

Trittsicherheit
Kondition,
Orientierungssinn

Heimgartenhütte

Die Heimgartenhütte kommt erst im letzten Moment in Sicht, die Gäste hört man freilich schon lange vorher.

fahren wir über die neue Brücke und folgen dann halblinks dem Wegweiser zum Walchensee, bis sich außerhalb des Ortes beiderseits der Straße genügend Parkmöglichkeiten bieten. Die Mountainbikes sind rasch fahrbereit und zum Warmwerden geht es erst mal leicht bergauf. Bald führt, ganz unscheinbar, rechts die ungeteerte Forststraße ins Eschenlainetal hinab, wo man sich unvermittelt in der urtümlichen Landschaft eines Gebirgsbaches wiederfindet, dessen breites Geröllbett ahnen lässt, wie hier nach starken Regengüssen die Wasser toben können. Nach etwa drei Kilometern seit dem Parkplatz zweigt linker Hand unübersehbar eine Forstpiste ab und ein Schild weist den Weg zum Heimgarten. Die Schranke lässt sich leicht umgehen und nun beginnt ein längerer Anstieg, mal steiler, dann wieder weniger gach. Irgendwo erinnert am Straßenrand ein Marterl an den Fliegertod eines jungen Mannes im Krieg und nach 4,5 Kilometern ab der Schranke gabelt sich die Straße. Links ginge es weiter steil bergan auf die Wankalm und zu einigen Jagdhütten, wo die Befahrbarkeit für Normalautos endet. Dort holt dann der Wirt der Heimgartenhütte den bis hierher angelieferten und oft dringend benötigten Nachschub an Lebensmitteln ab, denn an schönen Tagen pilgern die Wanderer zu Hunderten von Ohlstadt und Walchensee hinauf und auch von der Herzogstandbahn über den Grat herüber. Er benutzt für die restliche Strecke bis zu seiner Hütte ein Spezialfahrzeug, ähnlich einem kleinen Traktor. Solche Geräte werden auch in steilen Weinbergen verwendet und schaffen praktisch jede noch so holperige Steigung.

Wir ignorieren an der Gabelung aber alle Wander-Wegweiser nach links und fahren geradeaus weiter. Vorbei an einem Sackgassenschild und ein paar Hütten immer weiter aufwärts und schließlich geht es sogar wieder

Der Gipfel ist nah und von der Terrasse kann man zum Herzogstand hinüberschauen. Das Gleiche tun die Tiere an der Ohlstädter Alm mit dem Walchensee.

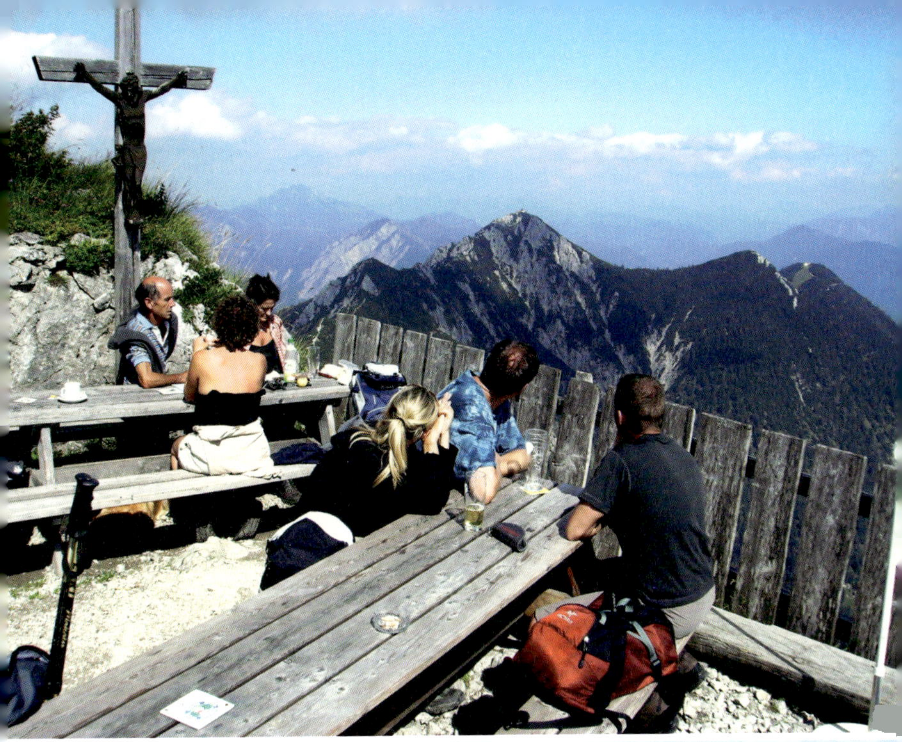

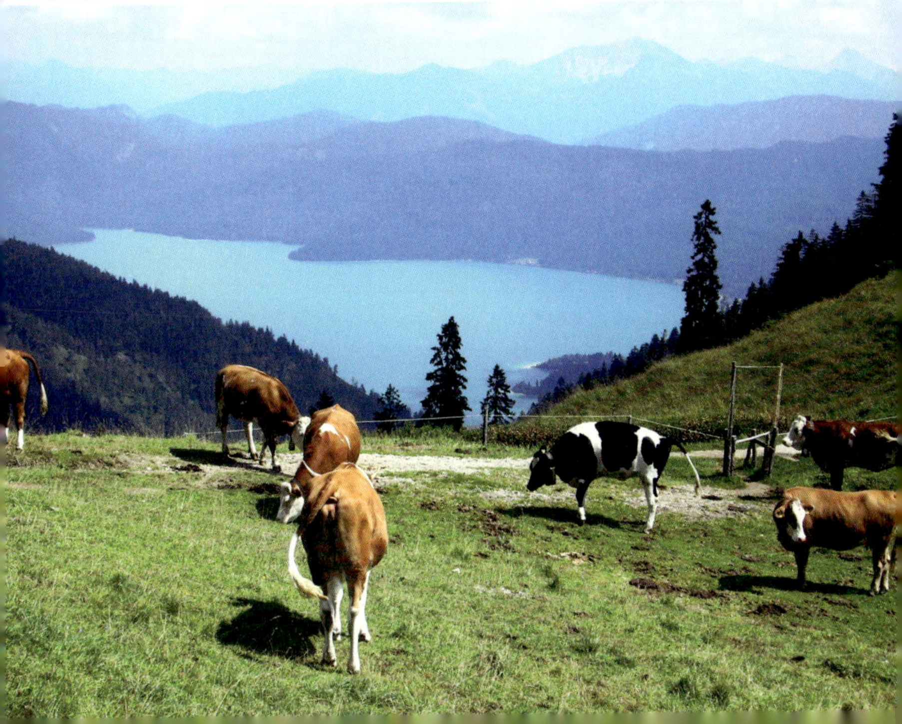

Uralte Ahornbäume säumen den Steig, auf dem man kaum jemand begegnet.

leicht bergab, bis zwei Kilometer weiter die Piste an einem Wendeplatz am Ufer eines Bachbetts endet (1138 m). Hier ist es so einsam, dass es fast nicht lohnt, das Radl abzusperren. Der Tachometer zeigt 500 Höhenmeter und neun Kilometer Fahrstrecke.

Schnell die Bergschuhe angezogen und auf Trittsteinen über den Bach balanciert. Drüben beginnt nach rechts und gleich in steilen Serpentinen bergauf ein landschaftlich reizvoller Steig hoch über der steil abfallenden Schlucht der Grießlaine. Er wird offensichtlich wenig gepflegt, ist aber gut zu gehen. An den Bäumen des lichten Mischwaldes finden sich orangefarbene Markierungen. Nach etwa 15 Minuten heißt es aufpassen. Ursprünglich führte der Weg wohl geradeaus weiter und querte die nun zu einem Graben geschrumpfte Schlucht, neuere Spuren und eine Markierung weisen aber rechts den Hang hinauf. Der Pfad ist schmal, aber gut erkennbar, wo er Wiesen überquert, einfach geradeaus weiter. In der aufgelockerten Weide- und Waldlandschaft grasen im Sommer etliche Jungrinder, die sich wohl wegen der schöneren Aussicht zum Wiederkäuen gerne am Sattel der Ohlstädter Alm versammeln, den wir nach 45 Minuten erreichen (1451 m).

Ein Salzleckstein fürs Vieh auf dem Baumstumpf und am Wegesrand blüht der Eisenhut.

Unvermittelt eröffnet sich hier ein grandioser Ausblick – auf Herzogstand und Walchensee, Benediktenwand und das ganze Vorkarwendel. Bisher war uns außer dem Förster, der mitleidig fragte, ob wir uns mit dem Radl verfahren hätten, noch kein Mensch begegnet.

Doch hier ändert sich das schlagartig, denn wir laufen auf dem viel begangenen Steig weiter, der von Walchensee heraufkommt. Links hinauf sind es jetzt noch rund 300 Höhenmeter beziehungsweise 40 Minuten durch zahlreiche Serpentinen. Noch bevor man die Heimgartenhütte sieht, hört man sie schon. Die Tische auf der Terrasse sind meistens mit allerlei Volk gut besetzt. Wie auf vielen Hütten, so ist auch hier der Kaiserschmarrn der Renner. Zum Gipfel sind es nur ein paar Meter, weshalb sich die Hütte auch gleich mit der Bergeshöhe von 1790 Metern schmückt. Wie von einem Adlernest kann der Blick rundum schweifen. Vom langen Grat, der auf ewig die Zwillinge Herzogstand und Heimgarten verbandelt, bis hinüber in die Allgäuer Berge. Wer sich beim Abstieg Zeit lässt, ist in eineinhalb Stunden wieder beim Fahrrad und in weiteren 25 Minuten am Auto.

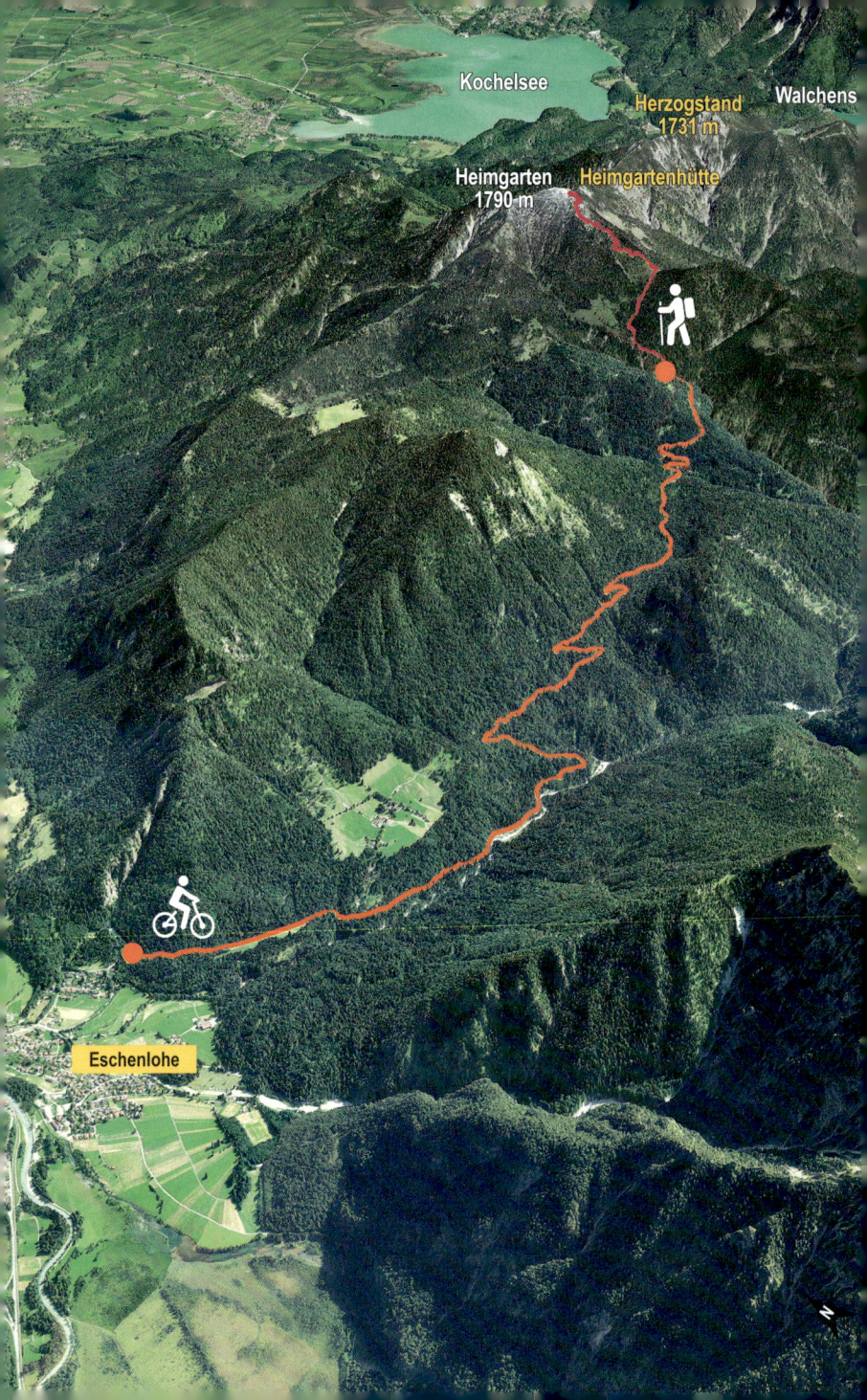

Kochelsee
Herzogstand 1731 m
Walchens
Heimgarten 1790 m
Heimgartenhütte
Eschenlohe

Anfahrt: Von München auf der Garmischer Autobahn bis Eschenlohe. Dort durch den Ort, über die Loisachbrücke und dann halblinks Richtung Walchensee.

Ausgangspunkt: Parkplätze außerhalb des Ortes an der Straße, die zum Eschenlainetal führt. Der Straße bergauf folgen und dann ins Eschenlainetal abbiegen.

Höhe und Höhenunterschied: Heimgarten 1790 Meter. Mit dem Rad 500 Höhenmeter, Aufstieg zu Fuß 650 Höhenmeter.

Fahr- und Gehzeit: Aufwärts knapp eineinhalb Stunden mit dem Radl und eineinhalb Stunden mit den Bergstiefeln.

Schwierigkeit: Wegen der Steigungen durchaus anspruchsvolle Radtour. Für den Aufstieg sind lediglich Trittsicherheit und ein wenig Orientierungssinn nötig.

Einkehr: Heimgartenhütte, keine Übernachtung möglich. Geöffnet von Mai bis Oktober.

Info: Verkehrsamt Eschenlohe, Telefon 08824/8228, Mail info@eschenlohe.de. Heimgartenhütte 0171/9507787.

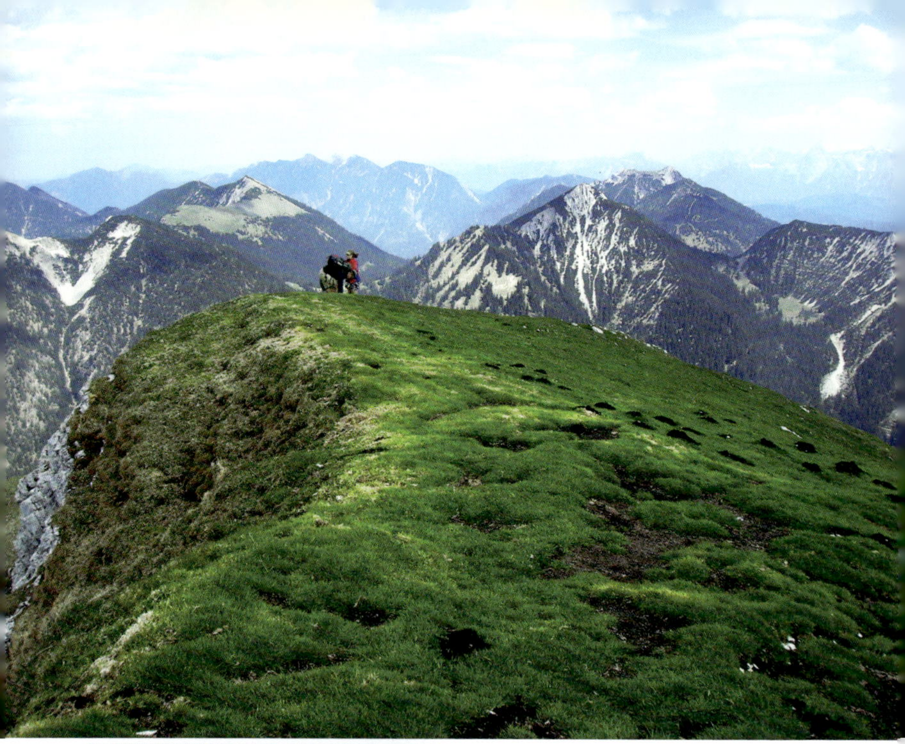

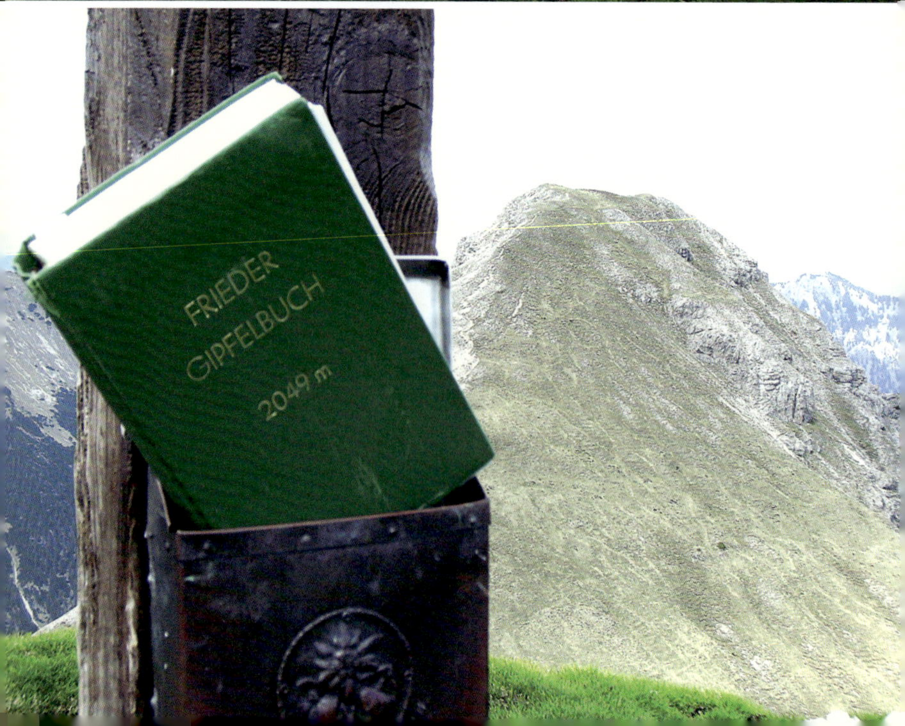
FRIEDER
GIPFELBUCH
2049 m

12 UNTER DEN GIPFELN WARTEN DIE GÄMSEN
NACH LEICHTER RADLTOUR VIELE SERPENTINEN BEIM AUFSTIEG ZUR FRIEDERSPITZ

Es gibt Geschichten, die möchte man sofort glauben, auch wenn ihr Wahrheitsgehalt durchaus in Zweifel gezogen werden könnte. Zum Beispiel die vom charmanten Naturburschen Josef (Beppi) aus dem Werdenfelser Land, der sich in den Goldenen Zwanzigerjahren des letzten Jahrhunderts gerne als Stuntman ein Zubrot verdiente, wenn die Ufa wieder mal in Garmisch einen Film drehte. Bei so einer Gelegenheit soll er eine attraktive, namentlich bekannte Filmdiva zu einem Trunk frischen Gamsblutes überredet haben, weil das ganz „gamsig" mache. Zu dem Zweck begab man sich ins gämsenreiche Gebiet des Frieder. Anschließend habe man es sich dortselbst im „Hiatahüttl" bequem gemacht ...

Die andere Geschichte vom Frieder ist nicht so lustig, dafür aber ziemlich glaubwürdig. Der Ort Partenkirchen besaß vor langer Zeit einen Galgenplatz, also eine Hinrichtungsstätte, der Nachbarort Garmisch aber nicht. Chronisten berichten nun von der Übereinkunft beider Ratsversammlungen, dass die in Garmisch zum Tode Verurteilten von den Partenkirchnern aufgehängt werden sollten. Als Gegenleistung erhielt Partenkirchen von

Baum- und strauchlos präsentieren sich die Gipfel von Friederspitz und Frieder.

---

per Rad: ca. 400 Höhenmeter
zu Fuß: ca. 850 Höhenmeter

ca. 5 h

Parkplatz Schattenwald

47.569968, 11.021603
bzw.
47°34'11.9"N 11°01'17.8"E

Tourismusbüros Oberammergau

Trittsicherheit genügt

Gasthäuser im Tal

den Garmischern das Weiderecht am Frieder. Das war wohl die Sammelbezeichnung, denn Frieder und Friederspitz sind ein Doppelgipfel mitten in den Ammergauer Bergen.

In vielen Wanderführern wird der Aufstieg zu den beiden aus dem Loisachtal von Griesen her beschrieben. Mit dem Radl ist es jedoch weniger steil und damit angenehmer, sich vom Graswangtal her auf den Weg zu machen. Zudem umgeht man nicht nur die stauträchtige Ortsdurchfahrt von Garmisch, sondern kann anschließend sogar noch das Märchenschloss Linderhof besuchen. Auch hat man bei der Anfahrt durchs hübsche Elmautal ständig schon sein Ziel als beeindruckende Felspyramide vor Augen. Der Wanderparkplatz liegt zwei Kilometer westlich von Graswang am Eingang zum Elmautal. Wir folgen auf der Forstpiste dem Wegweiser nach Griesen, müssen aber schon nach einem Kilometer links das trockene Bachbett queren (schlecht beschildert) und drüben auf der anderen Forststraße uns wieder rechts halten. Man kann (wie auf der Karte) auch in Graswang starten. Die Steigung ist sanft, fast unmerklich, erst nach der Einmündung des Kuchelbaches wird es ein paar Kurven weit steiler. Wir passieren eine große Lichtung, dann kommt endlich die stramme Steigung, die uns auf die Scheitelhöhe des Rotmoossattels (1190 m) bringt. Jetzt geht es wieder

Rechts: Blick von der Schellschlicht auf die beiden Frieder und drunter der Weg dorthin. Danach Einkehr in der „Mühle" (oben).

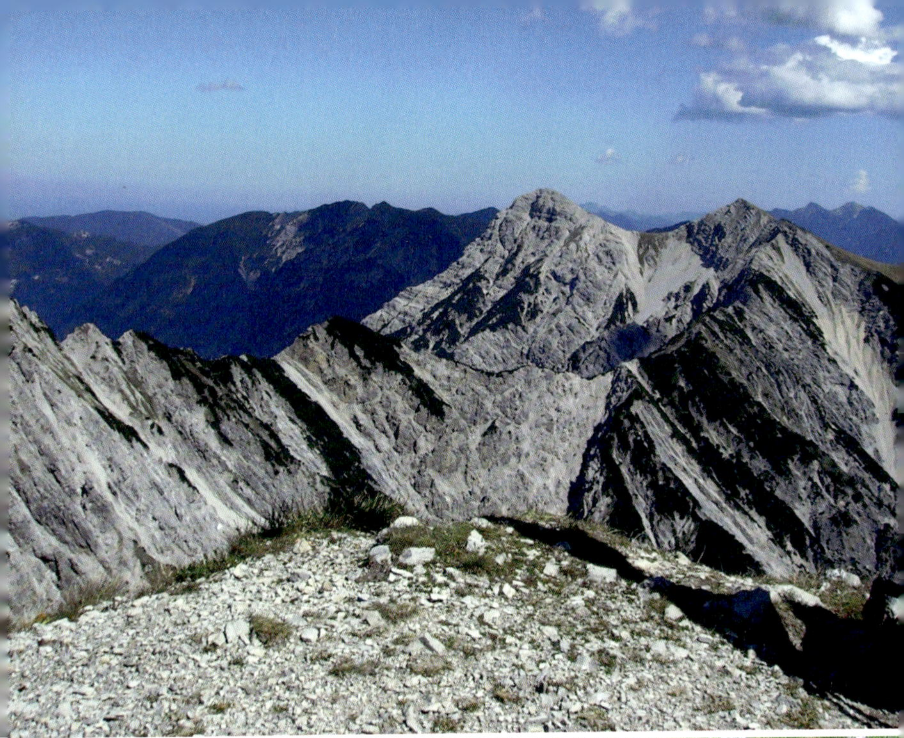

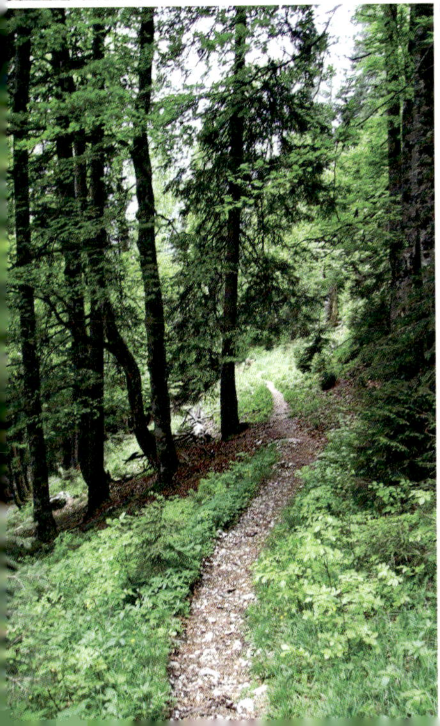

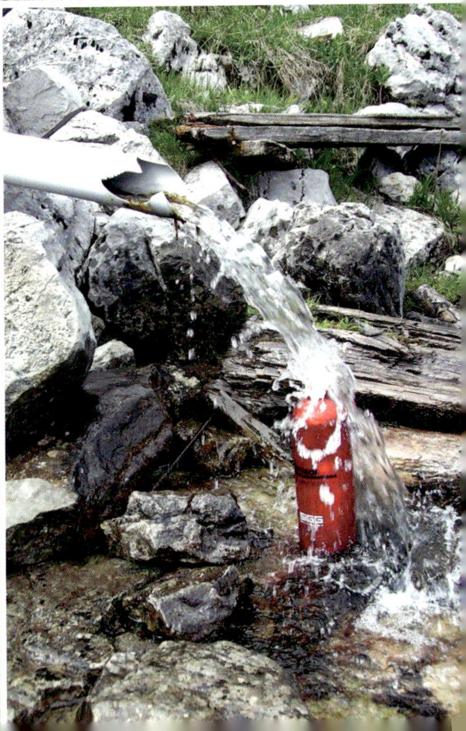
SIGG

leicht abwärts, aber aufgepasst! Wenn die Straßengabelung zur Rotmoosalm auftaucht, sind wir schon zu weit. Unser Ausgangspunkt liegt etwa 200 Meter vorher, also nördlich davon, wo rechts ein alter Karrenweg abzweigt und ein nicht sonderlich gut sichtbares Schild an einem Baum zur Friederspitz weist. Hier bleiben die Räder zurück. Es gibt genug Gebüsch, sie zu verstecken.

Der Karrenweg geht bald in einen Steig über, der in angenehmer Weise durch viele Serpentinen und meist jungen Mischwald an Höhe gewinnt, und eine Stunde später erreichen wir das Almgelände mit der privaten und deshalb meist verschlossenen Hütte Friederalm. Früher hieß sie auch Stieralpe. Auf der Bank an ihrer östlichen Giebelseite lässt es sich gut rasten und den Ausblick zur anderen Talseite mit dem dominierenden Kramer-Massiv, der Hohen Ziegspitz und den imponierenden Felstürmen des Rauensteins genießen. Wasser zum Füllen der Flaschen gibt es ein Stückchen oberhalb am Weg. Jetzt steigen wir erneut in Serpentinen höher, über steile Grashänge und durch ein paar Latschenfelder, neugierig beäugt von Gämsen, die hier immer noch so zahlreich unterwegs sind wie zu den Zeiten, als der Beppi in dieser Gegend seine Filmdiva „gamsig" machte. Im Frühsommer blüht den Weg entlang ein ganzer Steingarten mit Alpenrosen, Enzian und Aurikeln.

Droben am Gipfelkreuz auf 2049 Metern angekommen, zeigen nur die wenigsten Bergfexe die charakteristische Festigkeit, auch noch den zweiten Gipfel, den Frieder (2050 m), mitzunehmen, denn für den Gewinn dieses einen Meters müsste man erst zum 100 Meter tieferen Sattel absteigen, drüben hinauf und das auch wieder zurück, denn einen Rundweg gibt es nicht. Da macht man doch gleich lieber Brotzeit und schaut sich in aller Ruhe das Panorama an: gegenüber der mächtige Querriegel des Wettersteinmassivs mit den verlockenden Gipfeln von der Alp- bis zur Zugspitze, weiter im Osten das Karwendel und in der westlichen Nachbarschaft die Felszacken von Schellschlicht, Kreuzspitze und Geierköpfen.

Der Abstieg dauert nicht länger als eineinhalb Stunden und dann geht es in rauschender Fahrt acht Kilometer ohne Gegenanstieg ins Graswangtal zurück. Noch Zeit genug, in Linderhof vorbeizuschauen, denn jetzt sind die meisten Touristen schon weg.

Ein paar Wanderer trifft man eigentlich immer. Neben letzten Schneeflecken blühen schon die Aurikel.

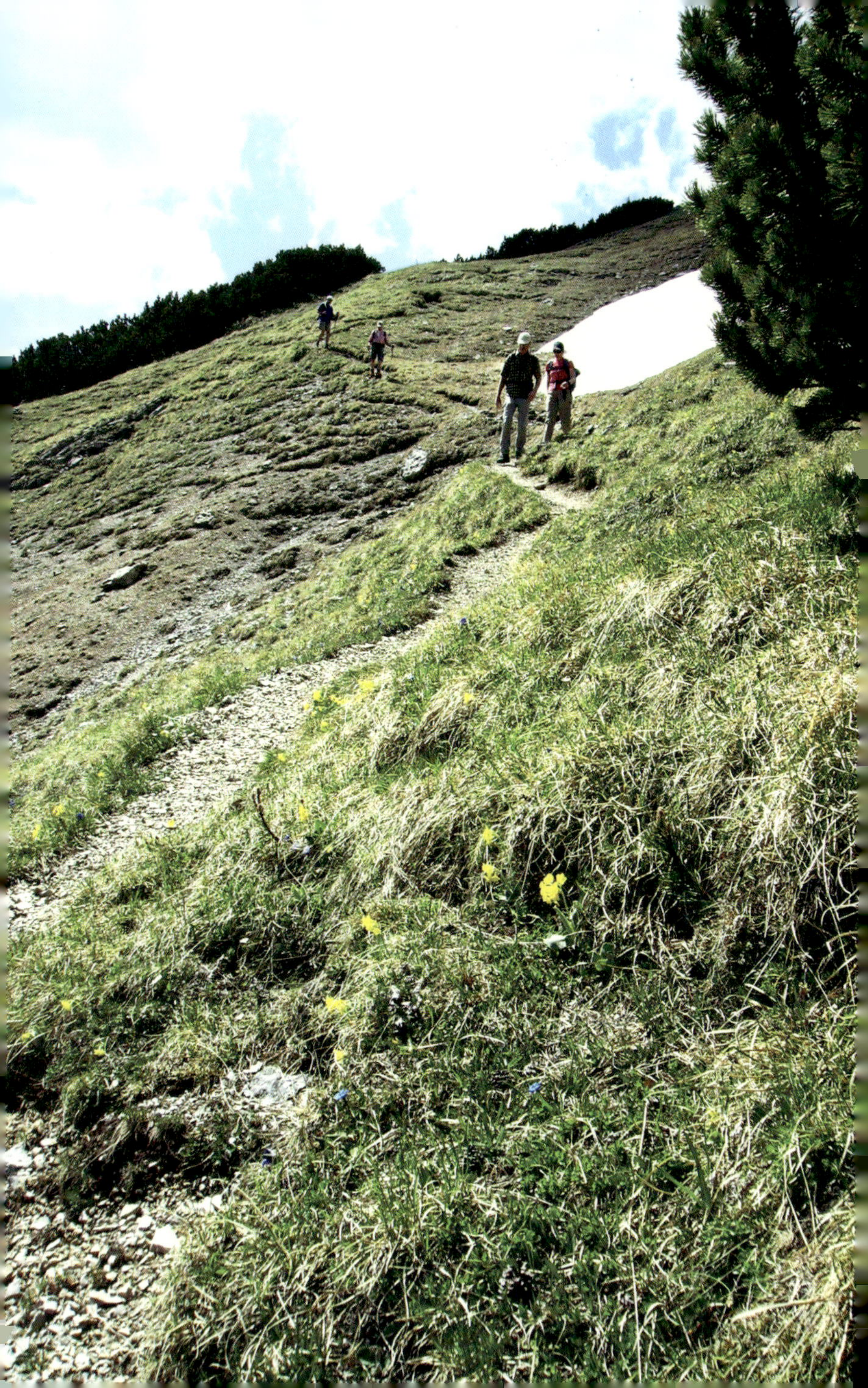

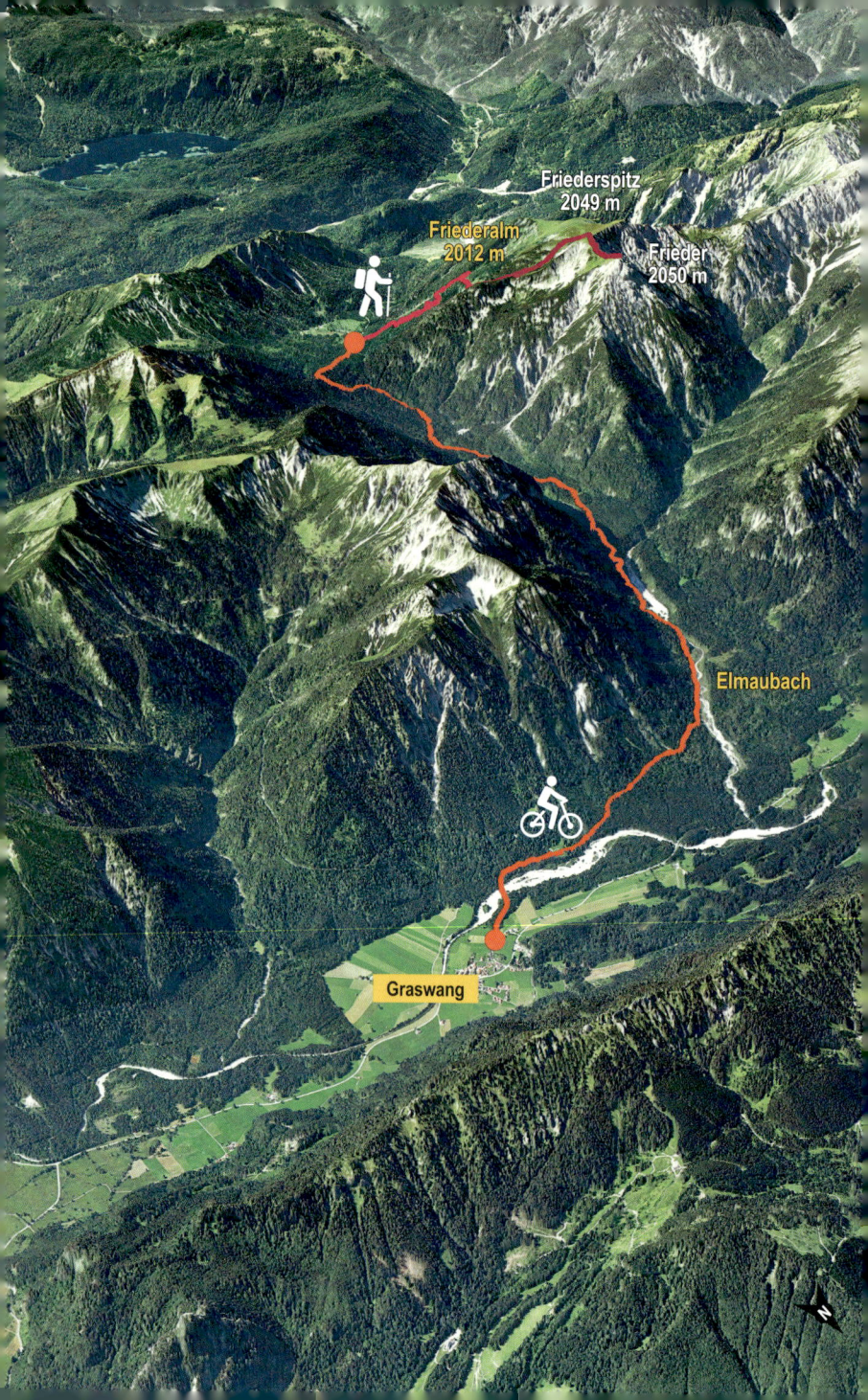

Friederspitz 2049 m
Friederalm 2012 m
Frieder 2050 m
Elmaubach
Graswang

Anfahrt: Von München auf der A95 bis Autobahnende bei Eschenlohe, weiter nach Oberau, dort nach Ettal abbiegen und hinter Ettal Richtung Linderhof.

Ausgangspunkt: Wanderparkplatz 2 km hinter Graswang, links nach einer Brücke. Entweder direkt hier losradeln oder zurück über die Brücke und dann rechts auf die Forstpiste. So vermeidet man die sonst nötige Querung des Elmau-Bachbetts.

Höhe und Höhenunterschied: Friederspitz 2049 m. Bis zum Abstellplatz der Räder 400 Höhenmeter, im Anstieg zu Fuß noch 850 Höhenmeter.

Fahr- und Gehzeit: 45 Minuten hinaufradeln, zwei Stunden Aufstieg. Für den Abstieg eineinhalb Stunden, weitere 20 Minuten mit dem Rad.

Schwierigkeit: leichte Radtour, problemloser Aufstieg. Trittsicherheit genügt, keine ausgesetzten Stellen.

Einkehr: Unterwegs keine, Gasthäuser in Graswang und Ettal.

Info: Tourismusbüros Oberammergau, Telefon 08822/922740 und Ettal, Telefon 08822/ 923634. Mail: info@ammergauer-alpen.de.

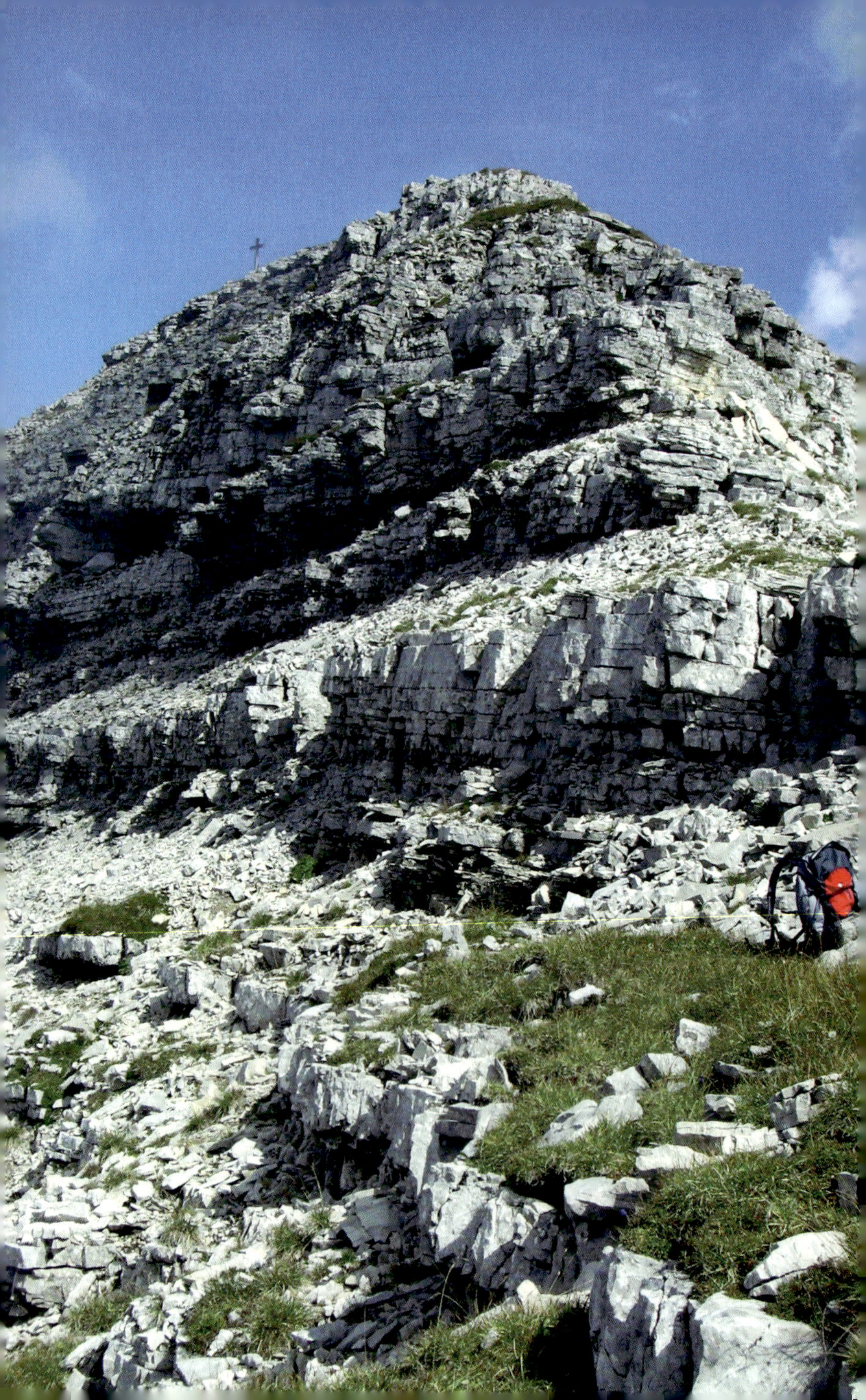

13 DRUNTEN SCHIMMERN ZWEI GRÜNE SEEN
NACH STEILER AUFFAHRT NOCH ZWEI STUNDEN AUFSTIEG BIS ZUR SOIERNSPITZE

Irgendwie hatte der Herzog Adolf von Nassau-Weilburg ja Glück im Unglück. Nachdem ihn die machtgierigen Preußen im Jahre 1866 aus seinen hessischen Ländereien vertrieben hatten und er auf der Suche nach einer neuen Bleibe durch halb Europa gereist war, fügten sich doch bald zwei Dinge auf wundersame Weise, zumal er zwar heimat- aber offenbar nicht mittellos war. In Mittenwald konnte der leidenschaftliche Waidmann im Jahre 1868 die Vereiner Alm im Sattel zwischen Soiernspitze und Wörner mitsamt einer umfangreichen Jagd pachten und zwei Jahre später wurde ihm – gleichsam als Schnäppchen – das etwas heruntergekommene Schloss Hohenburg im nahen Lenggries zum Kauf angeboten. So wurde aus dem Nassauer ein Bayer und dank günstiger Erbverträge anno 1890 schließlich sogar der erste Großherzog von Luxemburg. Seine Nachfahren haben Hohenburg dann wieder verkauft, besitzen aber noch weitläufige Jagdrechte in den Bergen des Vorkarwendels rechts der Isar. Droben auf der Vereiner Alm in 1400 Metern Höhe entwickelte sich damals, wie alte Aufzeichnungen belegen, reges Leben. Rasch entstand ein kleines Dorf mit dem herzoglichen Wohngebäude,

Die querlaufenden Felsbänder sind ein Kennzeichen der Soiernspitze, deren Gipfelkreuz schon in Sicht kommt.

---

per Rad: ca. 500 Höhenmeter
zu Fuß: ca. 850 Höhenmeter

ca. 5 h

Parkplatz Seinsalm

47.475056, 11.280547
bzw.
47°28'30.2"N 11°16'50.0"E

Touristen-Info Mittenwald

Trittsicherheit, Kondition, Schwindelfreiheit

Vereiner Alm

dazu eigens noch ein Damenhaus, ein Haus der Kavaliere sowie Gebäude für Bäckerei und Küche, für Jäger und Arbeiter. Viele Mittenwalder standen beim Herzog in Arbeit und Brot, ganz ähnlich wie die Bevölkerung in Lenggries, wo der Luxemburger sehr zum Verdruss seiner Untertanen große Teile des Jahres auf dem Schloss Hohenburg verbrachte.

Wir biegen von der Bundesstraße 2 kurz vor Mittenwald links ab und folgen den Wegweisern zur Vereiner Alm und zur Krinner-Kofler-Hütte. Leider verteilen sich die folgenden rund 500 Höhenmeter auf kiesiger Forststraße nicht gleichmäßig über die Distanz von sieben Kilometern. Ohne Chance, sich zunächst etwas warm zu strampeln, geht es gleich am Anfang ordentlich steil zur Sache, wird kurzzeitig etwas flacher, dann aber folgt eine Steigung bis zu knackigen 22 Prozent. Danach wird es moderater, bleibt aber schweißtreibend – trotz kleinerer Gefällstrecken zwischendurch. Die sanften letzten Meter vor Erreichen des Sattels dienen schon der Regeneration und oben sollte man das Angebot der Sitzbank neben dem Feldkreuz annehmen, um in Ruhe das Panorama zu betrachten. Gleich nebenan das freie Almgelände, ein paar hundert Meter weiter und etwas tiefer liegend die Vereiner Alm, beliebter Treffpunkt der Mountainbiker, die sich die Runde um den Gebirgsstock des Soierngebietes oder um die Karwendelspitzen vorgenommen haben. Vor Jahren stand gleich daneben auch noch die Krinner-Kofler-Hütte der Mittenwalder Alpenvereinssektion, doch im März 2000 schlug eine mächtige Lawine sie in Trümmer. Der schon vier Jahre später eingeweihte schmucke Neubau wurde an besser geschützter Stelle ein wenig abseits auf einer Waldlichtung errichtet.

Nach Osten wandert der Blick weit hinüber in die Berge rund ums Rißtal mit der Falkgruppe, und gegenüber stehen die kalkbleichen Felswände des Wörner (2476 m) mit seinem vorgelagerten, immerhin auch schon über 1900 Meter hohen Wörnersattel.

Die Soiernseen hatten es König Ludwig II. besonders angetan. Er nannte sie „samtene Augen". Im Hintergrund die Schöttelkarspitze, darunter die Krinner-Kofler-Hütte.

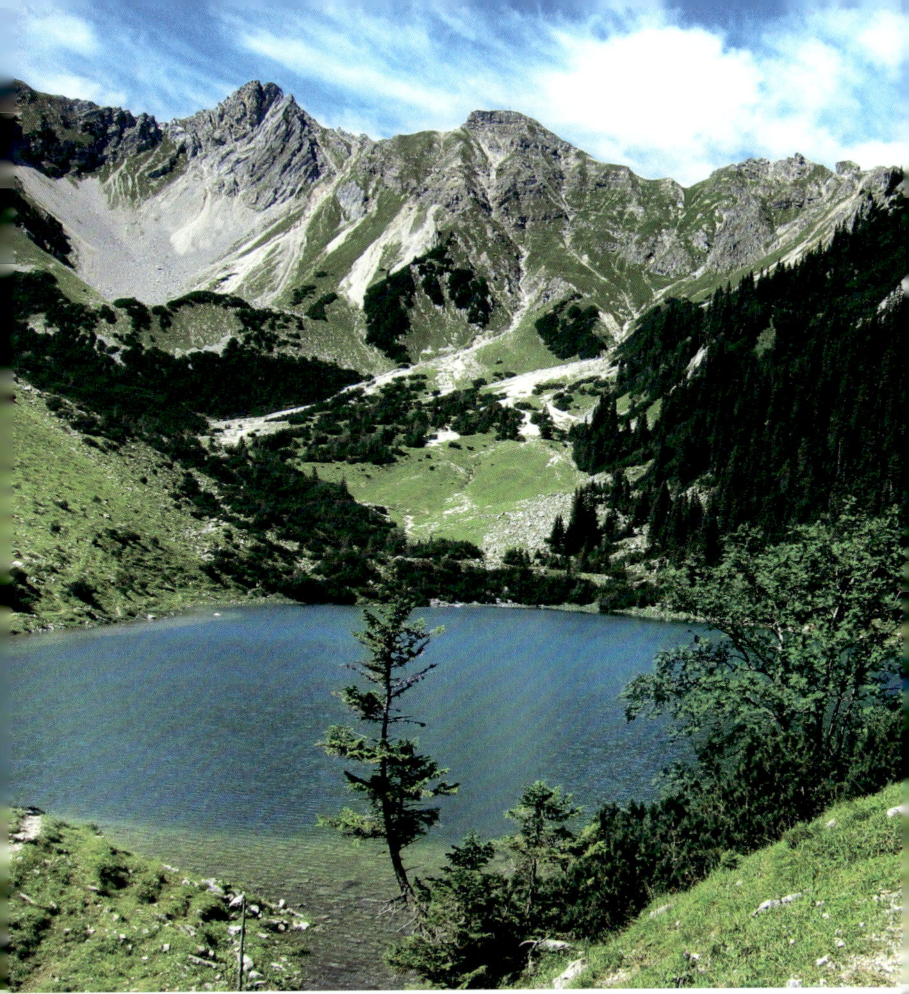

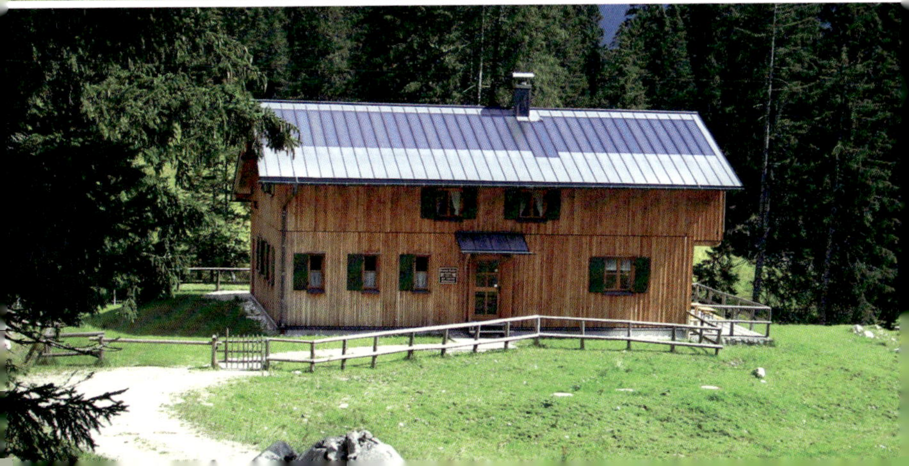

Einfach mal ins Gras setzen und die Karwendelspitzen betrachten. Rechts die Vereinalm, wo die Räder zurückbleiben.

Die Fahrräder haben jetzt Pause und finden Gesellschaft am Geländer der bewirtschafteten Alm. Vor weiteren Unternehmungen sollte man am Brunnen die Wasserflaschen nachfüllen, denn die Soiernspitze ist ein absolut trockener Berg, auf den folgenden 850 Höhenmetern findet sich keine Quelle. Der Fußweg beginnt nordwestlich der Hütte etwas undeutlich im Gras, erst nach ein paar Metern steht ein einsames Schild. Bald aber erkennt man den vor mehr als 100 Jahren gebauten und immer noch hervorragend befestigten Steig, damals breit genug, um als Karren- oder Reitweg zu dienen. Er gleicht dort, wo er noch gut erhalten ist, jenen Wegen rund ums königliche Refugium Soiernhaus, wie sie einst für die bequeme Fortbewegung Ludwigs II. angelegt wurden. Vielleicht haben sich der Herzog und der König ja mal in einem ihrer beinahe zeitgleich errichteten Häuser oder gar auf der Bergeshöh' zu einem Schwätzchen getroffen. Sozusagen ein Gipfeltreffen? Denn so weit liegen die Domizile nicht auseinander, zu Fuß knapp drei Stunden, zu Pferde bestimmt weniger.

Uns führt der Weg zunächst in angenehmer Steigung durch lockere Latschenbestände und lichten Bergwald in einer Stunde bis zum Jöchl auf 1800 Meter Höhe, wo sich der Steig verzweigt. Geradeaus ginge es nahezu höhengleich über die grasigen Flanken um die Soiernspitze herum zum Sattel der Jägersruh und von dort hinab zum Soiernhaus. Links aber beginnt unser mindestens einstündiger steiler Aufstieg über grasdurchsetzte Geröllfelder zum hölzernen Gipfelkreuz, das erst ziemlich spät in Sicht kommt. Dafür finden sich dann im kupfernen Kasterl gleich zwei Gipfelbücher. Als Sitzmöbel für die hart erarbeitete Brotzeit liegen jede Menge glatte Felstrümmer bereit. Sie waren wohl Bestandteile jener quer verlaufenden Felsbänder, die der pyramidenförmigen Soiernspitze schon von weitem ihr charakteristisches Aussehen geben.

Von dem luftigen Standort in 2257 Metern Höhe eröffnet sich der einzigartige Ausblick in das weite Rund des Soiernkessels mit seinen beiden grünblau schimmernden Seen, umkränzt von einem halben Dutzend Gipfeln, schroffen Felsabstürzen und steilen Schuttkaren. Er gleicht fast einem Krater vulkanischen Ursprungs. Wer zeitig dran ist und über Bärenkondition verfügt, der könnte nun die Umrundung des Kessels über Reißende Lahnspitze, Feldernkopf und Schöttelkarspitze angehen, sodann Kaiserschmarrn essen auf der Terrasse des Soiernhauses und schließlich über die Jägersruh wieder zum Jöchl herüber queren. Der Abstecher dauert fünf Stunden. Aber auch ohne diese Variante zieht sich der Rückweg noch in die Länge, denn im Naturschutzgebiet des Vorkarwendels tummeln sich etliche Rudel von Gämsen, die oft nur wenig Scheu zeigen. Da muss man einfach stehen bleiben und schauen.

Nach einer Verschnaufpause beim Weißbier vor der Vereiner Alm ist der Rückweg auf ausgeruhten Mountainbikes eine flotte Angelegenheit, auch wenn man stets bremsbereit auf Wanderer und entgegenkommende Autos sowie auf eine Schranke achten muss. Nach 20 Minuten ist der Parkplatz erreicht.

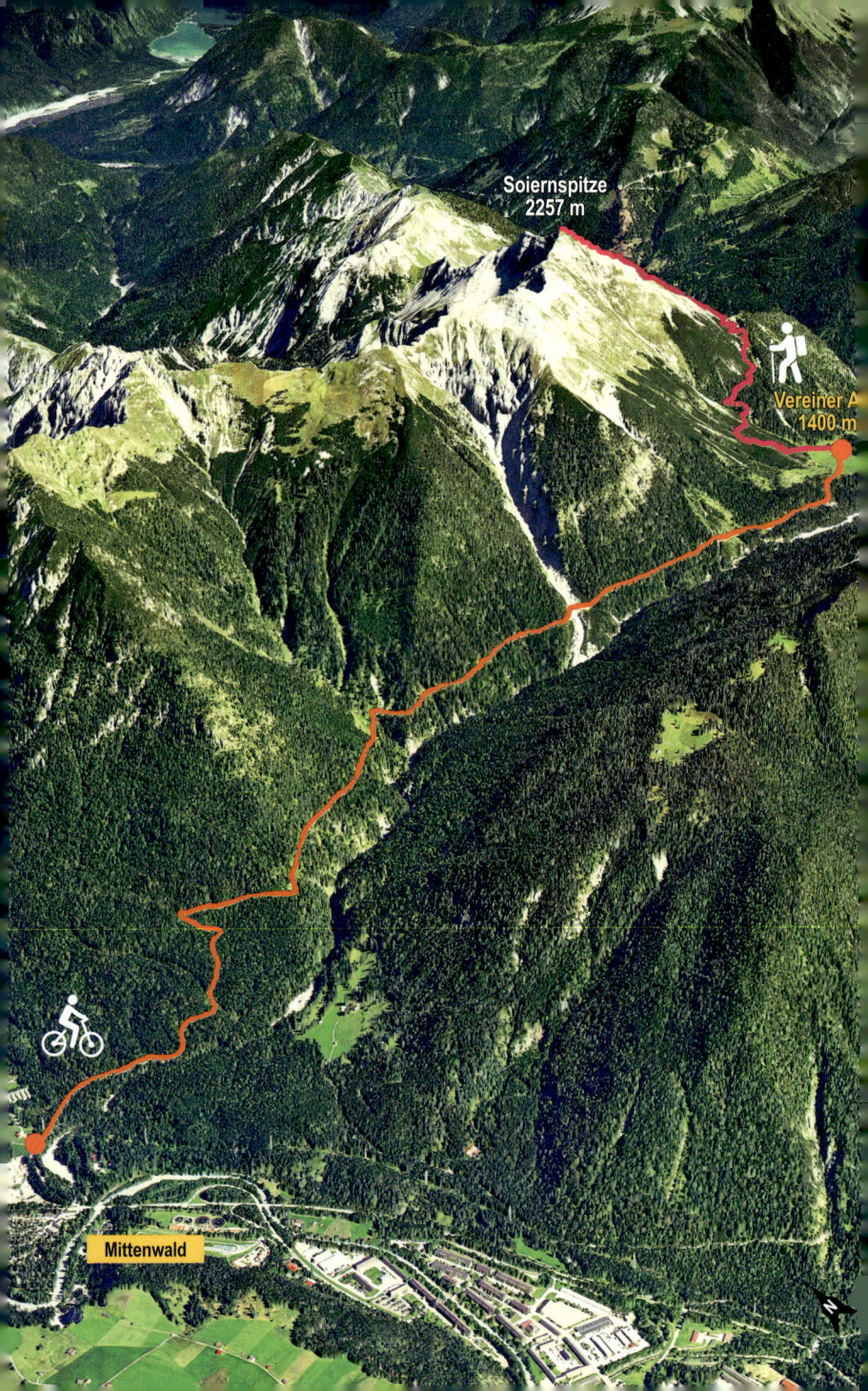

Soiernspitze
2257 m

Vereiner A
1400 m

Mittenwald

Anfahrt: Von München über die Autobahn A95 nach Garmisch-Partenkirchen und Mittenwald. Kurz vor der Abfahrt von der B2 nach Mittenwald (vor einer Brücke Bushaltestelle und Campingplatz) links abbiegen und ein kurzes Stück die Teerstraße hochfahren bis zur Seinsalm.

Ausgangspunkt: Parkplätze an der Seinsalm und Wegweiser zur Vereiner Alm.

Höhe und Höhenunterschied: Soiernspitze 2257 Meter. Mit dem Mountainbike 500 Höhenmeter zur Vereiner Alm (1400 m). Anstieg zum Gipfel 850 Höhenmeter.

Fahr- und Gehzeit: Mindestens eine Stunde mit dem Radl, zwei Stunden mit den Bergstiefeln. Der Abstieg dauert eineinhalb Stunden, die Abfahrt 20 Minuten.

Schwierigkeit: Die teilweise steile Auffahrt zehrt an den Kräften, die man dann aber auch noch für den Aufstieg braucht. Trittsicherheit erforderlich auf schotterigem Steig im oberen Bereich. Wer vom Gipfel zuden Soiernseen hinunterschauen möchte, sollte schwindelfrei sein.

Einkehr: Auf der Vereiner Alm (im Winter geschlossen). Möglichkeit zur Übernachtung in der nahen Krinner-Kofler-Hütte der DAV-Sektion Mittenwald, einer Selbstversorgerhütte.

Info: Touristen-Info Mittenwald, Telefon 08823/33981, Mail: touristinfo@markt-mittenwald.de. Vereiner Alm, Telefon 0170/3173674.

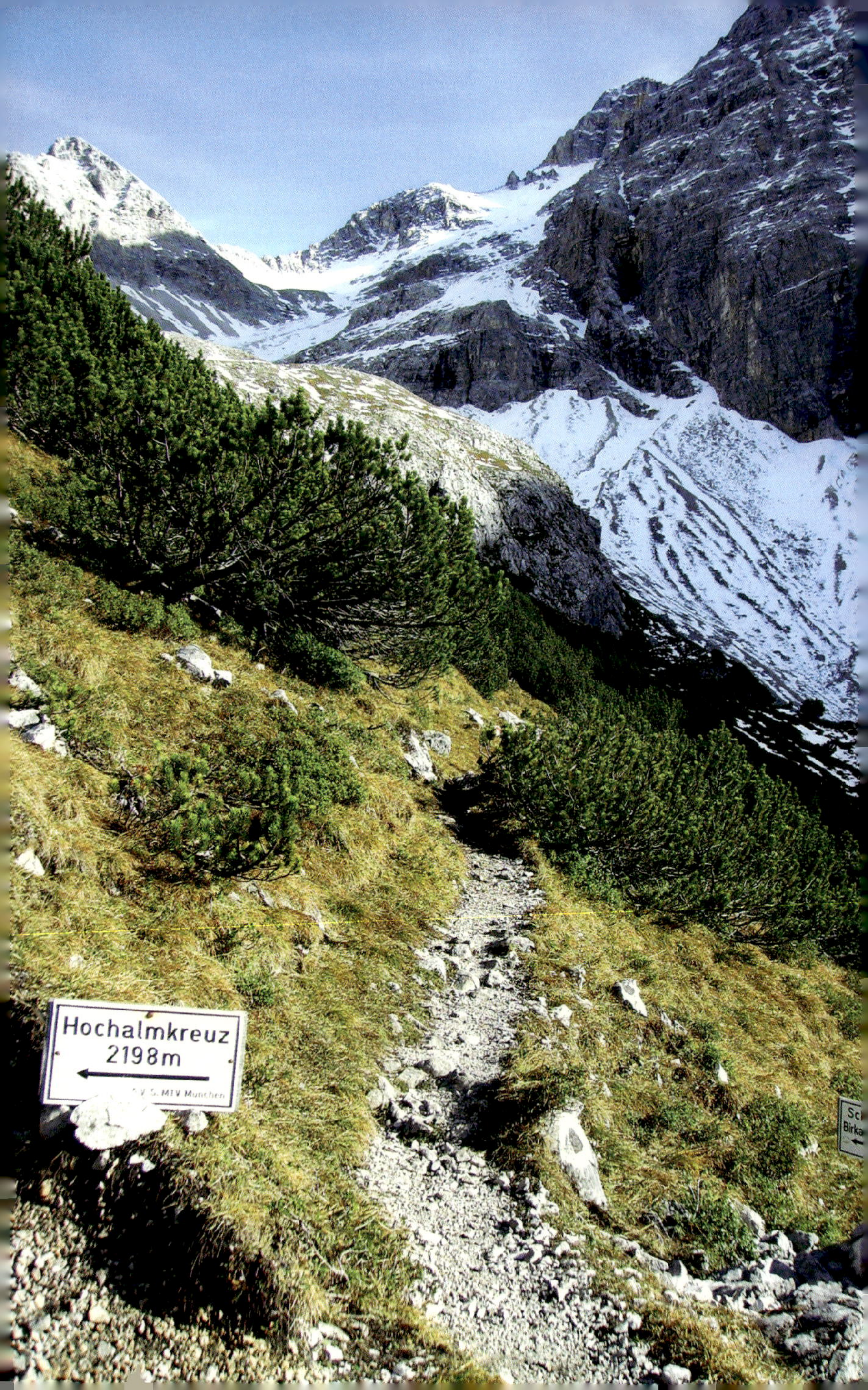
Hochalmkreuz
2198m

14 DIE KÖNIGSTOUR AUF DEN HÖCHSTEN GIPFEL
LANGE ANFAHRT DURCHS KARWENDELTAL UND STEILER AUFSTIEG ZUR BIRKKARSPITZE

„Wie mag es wohl im Herzen dieser Gebirgswüste aussehen?" Mit dieser Frage beginnt Hermann von Barth die immer wieder lesenswerte Schilderung seiner Erstbesteigung der Birkkarspitze (2749 m), des höchsten Gipfels im Karwendelgebirge.

Die Suche nach Antworten auf solche Fragen ließen Barth zum bedeutendsten Erforscher des Karwendels werden und das auch noch im Zeitraffer. Denn der im Jahre 1845 geborene Spross eines königlichen Kämmerers, der auf Schloss Harmating bei Wolfratshausen lebte, entdeckt erst 23-jährig während seines Aufenthaltes als Rechtsreferendar am Landgericht Berchtesgaden die Liebe für die Berge, dafür aber dann gleich mit großer Leidenschaft. 69 Gipfel besteigt er dort innerhalb des Jahres 1868, und im folgenden Sommer sind im Allgäu 44 Berge dran. 1870 wiederum durchstreift Barth das Karwendel in alle Himmelsrichtungen. 88 Touren, darunter zwölf Erstbesteigungen, sind die sommerliche Ausbeute des 25-jährigen Bergfexes. Ein Jahr später nimmt er sich das Wettersteingebirge vor. Meistens ging er alleine in die Berge und diese Unternehmungen hatten oft Expeditionscharakter,

An dieser Weggabelung muss man sich entscheiden. Hochalmkreuz oder Birkkarspitze?

per Rad:	ca. 800 Höhenmeter
zu Fuß:	ca. 970 Höhenmeter
⏳	ca. 10 h
📍	Parkplatz Infozentrum Scharnitz
🚗	47.385389, 11.267444 bzw. 47°23'07.4"N 11°16'02.8"E
🌐	Tourismusverband Scharnitz
⚠	Trittsicherheit, Kondition
🍴	Karwendelhaus, Larchetalm

denn damals gab es ja weder markierte Alpenvereinswege noch verlässliche Karten. Hermann von Barth führte akribisch Buch über seine Bergfahrten. Die umfangreichen Aufzeichnungen, erschienen unter dem Titel „Aus den nördlichen Kalkalpen", gelten als Klassiker der Alpinliteratur. Oft genug beklagt er darin die miserable Qualität der verfügbaren Karten, umso exakter beschreibt er deshalb seine eigenen Routen. Danach wendet von Barth sich anderen Studien zu, unter anderem auch in Afrika. 1876 nimmt er sich bei einer Forschungsreise in Angola das Leben, verwirrt durch ein starkes Fieber, gerade mal 31 Jahre alt.

Seine Schilderung des Aufstiegs zur Birkkarspitze liest sich so zeitnah, als läge der nicht schon mehr als 150 Jahre zurück. Nur die Art des Anmarsches hat sich gewandelt und den Alpinstützpunkt Karwendelhaus gab es auch noch nicht. Barth übernachtete damals auf dem Heuboden einer Almhütte. Dank der Erfindung des Mountainbikes ist die Tour sogar an einem Tag machbar. Wir starten in Scharnitz und zum Aufwärmen geht es nach Querung der Isarbrücke gleich einmal 150 Höhenmeter über einen Ausläufer des Brunnenkopfes hinauf in Richtung Karwendeltal. Danach wird die Schotterpiste flacher, am grün daherrauschenden Karwendelbach entlang und mitten hinein in die Welt der Bergriesen, die sich mit steilen Felsflanken zu beiden Seiten türmen, weit voraus die Östliche Karwendelspitze. Im Talboden passieren wir die Larchetalm (1173 m), eine Brotzeitstation für Wanderer. Noch immer wenig Steigung, doch das Karwendelhaus liegt immerhin 1780 Meter hoch. Wann kommt das dicke Ende? Einen Kilometer nach dem Hütten-Ensemble der Angeralm geht es los. Zunächst sanft, dann steiler, gut ausgebaute Serpentinen wollen kein Ende nehmen, doch irgendwann passieren wir das Viehgatter der

Durchs Karwendeltal (rechts) führt die Radtour bis zum Karwendelhaus. Dort beginnt der Aufstieg entweder zum Hochalmkreuz (oben), oder übers Schneefeld zur Birkkarspitze.

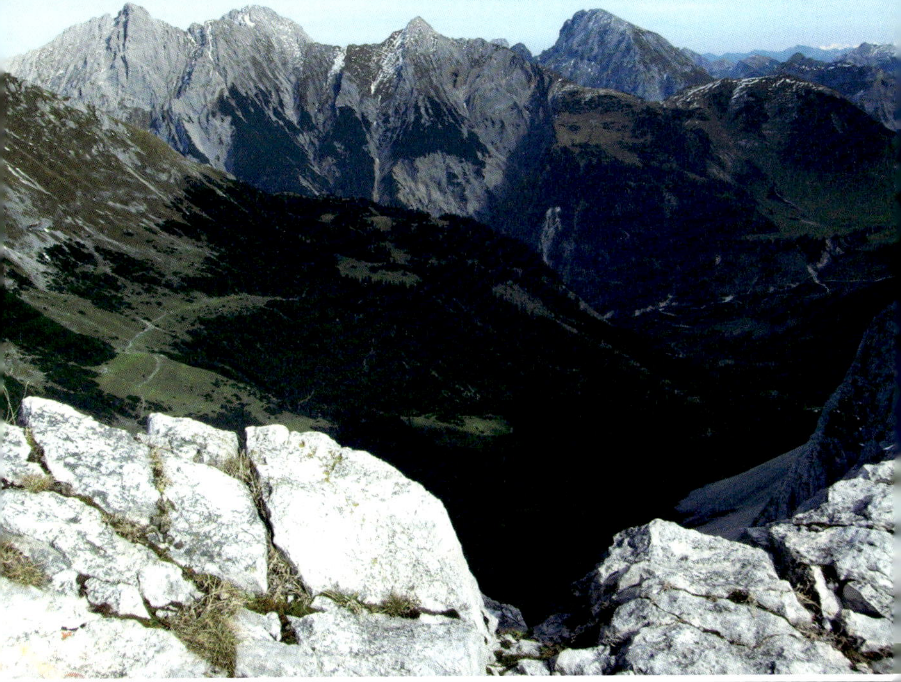
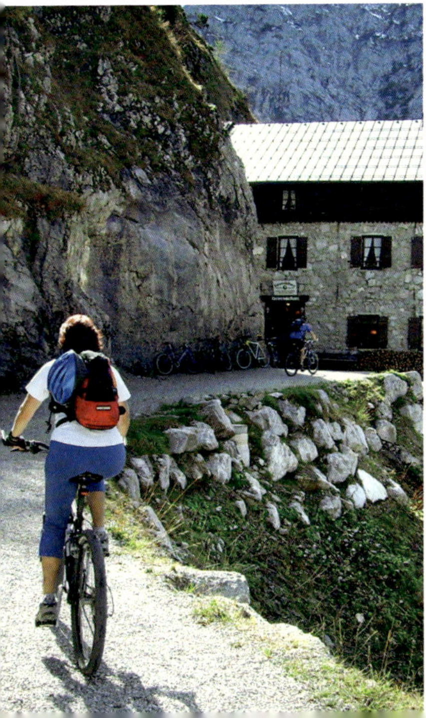
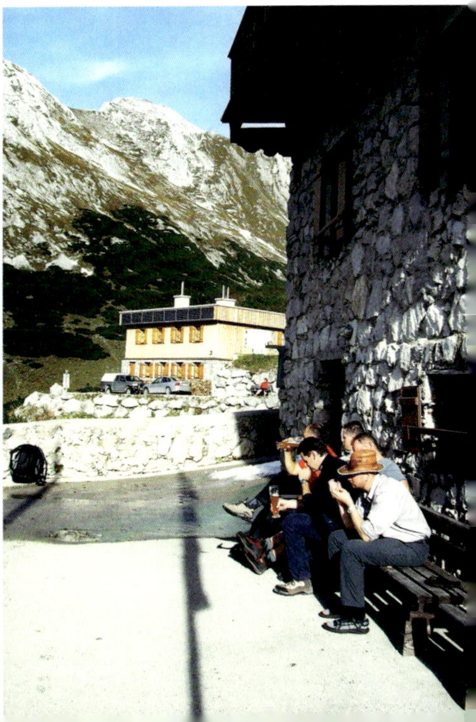

Radlverbot auf 2640 Metern Höhe im Sattel zwischen Birkkar- und Ödkarspitze.

Hochalm und das Karwendelhaus kommt rechter Hand schon in Sicht. Die letzten Kehren kosten noch ein paar Schweißtropfen und droben lehnen sich die Räder buchstäblich erleichtert gegen die Wand.

Das wuchtige, mit Naturstein gemauerte Haus der DAV-Sektion MTV München steht schon seit mehr als 100 Jahren wie eine Trutzburg am Rand des Abgrundes und schaut weit hinunter ins Tal, wo der durch die Schlucht tosende Bach aus dem Schlauchkar kommend hart daran arbeitet, zum Karwendelbach zu werden. Oberhalb des Hauses schützen stählerne Verbauungen das Haus vor Lawinen vom Hochalmkreuz, dem Hausberg. An diesen Metallgittern vorbei beginnt der Weg hinein und hinauf ins Schlauchkar, zu den höchsten Gipfeln des Karwendel, zu Ödkar- und Birkkarspitze. Nach 20 Minuten durch lockere Latschenbestände und Äsungsgründe für Gämsen teilt sich der Steig. Links hinauf führt – als eine echte Alternative und vor allem für die Tagestour als leichtere Variante – ein recht schotteriger Weg in 40 Minuten zum Hochalmkreuz (2192 m), einem Aussichtsgipfel mit bestem Blick auf die Pyramide der Birkkarspitze

Im Schlauchkar liegt oft auch im Hochsommer noch ziemlich viel Schnee.

und weit hinunter in den Kleinen Ahornboden, wo ein Denkmal in Form eines Obelisken an Hermann von Barth erinnert. Nach rechts zweigt der Brendelsteig ab, der nach Überqueren des Baches steil hinaufführt zu den Ödkarspitzen. Geradeaus schließlich geht es nun über mehrere Geländestufen immer steiler zum Schlauchkarsattel hinauf. Der Name ist Programm, auch wenn er eigentlich auf die Mittenwalder Familie Schlaucher zurückgeht. Manchmal liegt noch im August der Altschnee im Kar. Auf ihm steigt es sich oft leichter als im lockeren Geröll. Nach gut zwei Stunden ist der Sattel erreicht, wo eine kleine hölzerne Hütte bei Schlechtwetter oder Dunkelheit Schutz bietet.

Der Schlussanstieg zum jetzt recht nahen Gipfel folgt etwas seitlich versetzt dem Westgrat, Seilversicherungen helfen an kritischen Stellen. Vom Sattel nach rechts (Westen) ginge es auf die drei Ödkarspitzen, deren mittlere (2745 m) nur um vier Meter weniger hoch in den Himmel ragt als die Birkkarspitze. Der Ausblick von so hoher Warte ist atemberaubend. Sind es tausend Gipfel oder mehr? Als Hermann von Barth am 6. Juli 1870 morgens um 7 Uhr hier frühstückte (er war um vier Uhr vom Heuboden der Hochalm aufgebrochen), glaubte er mit dem Fernrohr bis München sehen zu können, bis zu Watzmann und Großglockner, zu den „Eisgefilden des Stubai" und den Firngipfeln der Silvrettagruppe.

Der Rückweg ist noch weit, doch bei kontrolliertem „Abfahren" im oberen Schlauchkar auf Altschnee und Schutt schmelzen schnell die Höhenmeter dahin. Die Rast auf der Terrasse des Karwendelhauses in der Nachmittagssonne ist mehr als verdient. Die 20 Kilometer bis Scharnitz wollen aber auch noch geradelt werden, einschließlich eines Gegenanstiegs.

Bei der Fahrt durchs Karwendeltal bleibt genug Muße, um die landschaftlichen Reize mit grünem Wasser, bunten Bäumen und grauen Bergketten zu genießen.

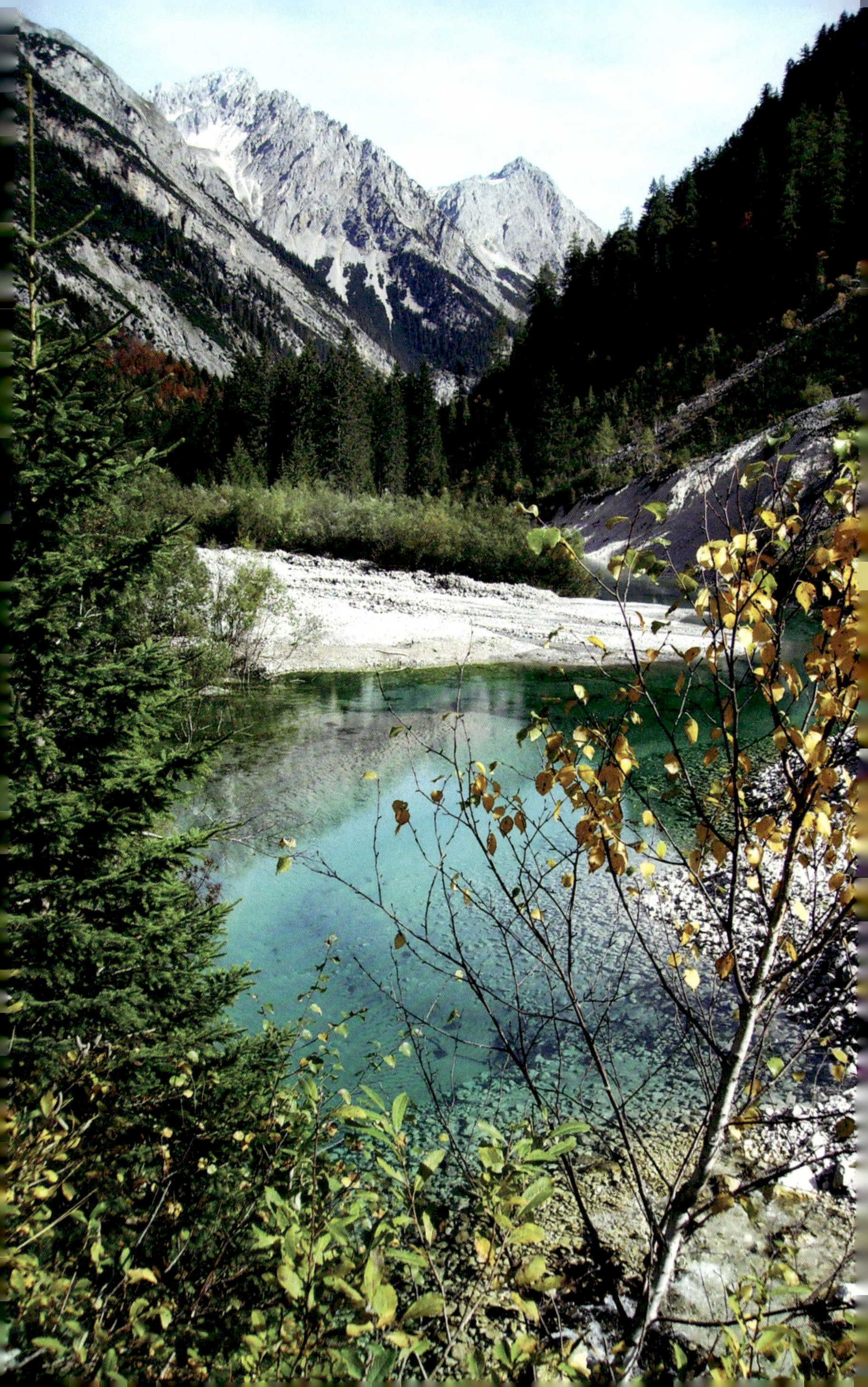

Birkkarspi
2749 m

Hochalmkreuz
2192 m

Karwendelhaus
1780 m

Scharnitz

Anfahrt: Von München Autobahn A95 nach Garmisch/Partenkirchen und über Mittenwald in den Grenzort Scharnitz. Dort bei der Kirche links abbiegen Richtung Karwendeltal.

Ausgangspunkt: Parkplatz am östlichen Ortsrand. Über die Isarbrücke und der Ausschilderung zum Karwendeltal folgen.

Höhe und Höhenunterschied: Birkkarspitze 2749 m, Hochalmkreuz 2192 m. Bis zum Karwendelhaus (1780 m) mit dem Rad 800 Höhenmeter, der Aufstieg zum Hochalmkreuz gut 400 Höhenmeter, bis auf den Gipfel der Birkkarspitze 970 Höhenmeter.

Fahr- und Gehzeit: Mit dem Rad etwa zwei Stunden. Aufstieg zum Hochalmkreuz etwa eine Stunde (zurück 40 Minuten), zur Birkkarspitze zweieinhalb Stunden, im Abstieg zwei Stunden. Talfahrt mit dem Rad wegen kleinem Gegenanstieg eine Stunde.

Schwierigkeit: Eine lange Tour, die schwerste in diesem Buch. Wer die Birkkarspitze als Tagestour machen möchte, sollte einschließlich der Pausen zehn Stunden einplanen. Die Variante Hochalmkreuz ist erheblich einfacher und kürzer.

Einkehr: Das Karwendelhaus der DAV-Sektion MTV München hat geöffnet von Anfang Juni bis Mitte Oktober. Unterwegs die Larchetalm. Übernachtung in beiden möglich.

Info: Karwendelhaus, Telefon 0043/720983554, E-Mail: info@karwendelhaus.com, Tourismusverband Scharnitz, Telefon 0043/5213/5270.

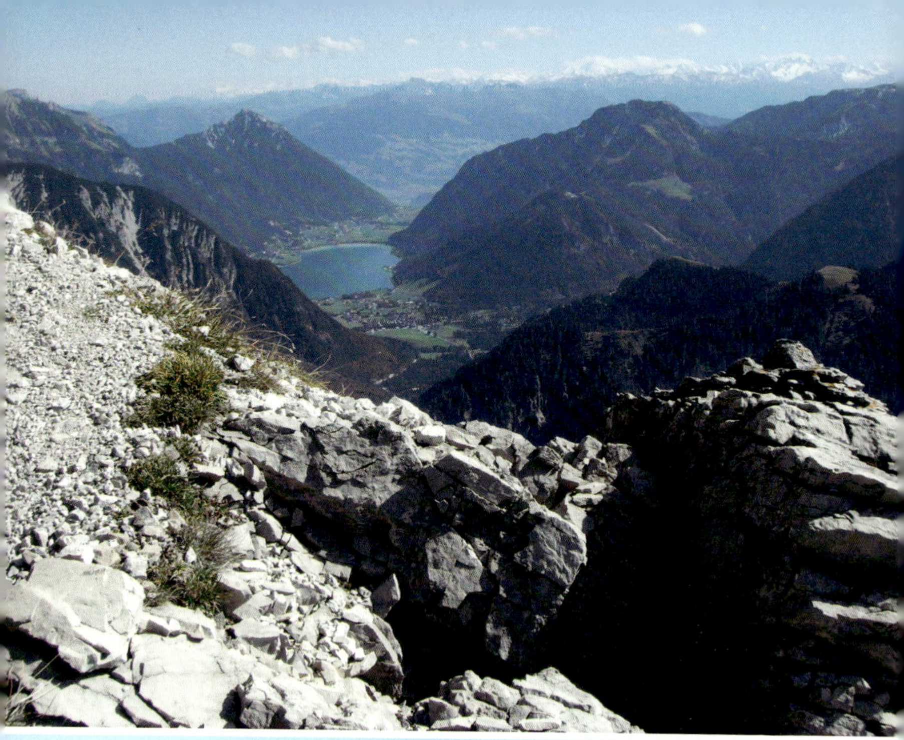

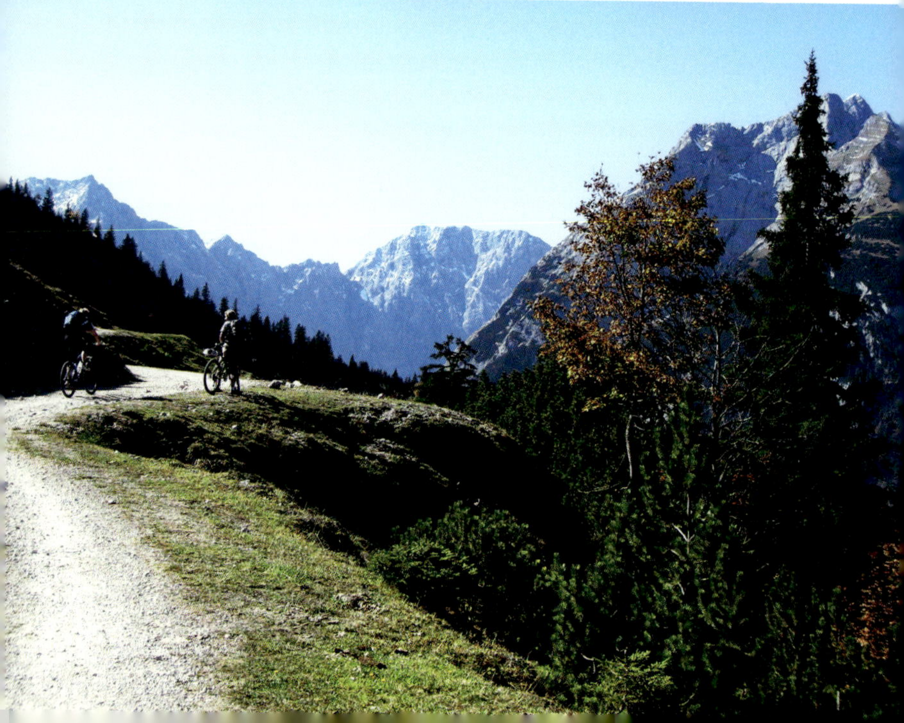

15 PYRAMIDE ZWISCHEN RISSTAL UND ACHENSEE
AUF DEM WEG ZUR MONDSCHEINSPITZE BLEIBEN DIE RADL AM PLUMSSATTEL ZURÜCK

Mondscheinspitze? Klingt romantisch. Da glaubt man doch ein nächtliches Gebirge zu sehen, über dessen Spitzen der Erdtrabant sein mildes Licht ausbreitet, oder gar ein Gipfelerlebnis bei Vollmond? Die Namensforscher halten allerdings eine recht prosaische Deutung bereit: Das rätoromanische Wort „monticinu", was so viel wie kleine Bergweide bedeutet. Daher dürfte auch die häufige Schreibweise Montscheinspitze kommen. Diese Bezeichnung für die 2106 Meter hohe Felspyramide westlich des Achensees wird eher verständlich, wenn man weiß, dass den bäuerlichen Bewohnern der Gebirgstäler früher die Gipfel und Felsen herzlich egal waren. Sie interessierten sich nur für die nutzbaren Weidegründe dort droben. Vom gleichen Wortstamm rührt dann sicher auch der Mantschen mitsamt der gleichnamigen Alm her, ein im Sommer fast bis zum Gipfel beweideter Grasberg östlich der Mondscheinspitze.

Die Anmarschwege bis zum eigentlichen Aufstieg sind lang, sowohl von Pertisau am Achensee durchs Gerntal, wie auch aus dem Rißtal. Doch von dort bis zur Plumsjochhütte führt ein Almwirtschaftsweg immerhin schon

Problemlose Auffahrt zum Plumsjoch und Blick vom Gipfel der Mondscheinspitze zum Achensee.

per Rad:
ca. 550 Höhenmeter
zu Fuß:
ca. 550 Höhenmeter

ca. 5,5 h

Parkplatz
Plumsjochhütte

47.427354,
11.575615
bzw.
47°25'38.5"N
11°34'32.2"E

Silberregion
Karwendel

Kondition,
Trittsicherheit,
Schwindelfreiheit

Plumsjochhütte

auf 1630 Meter Höhe hinauf und der eignet sich hervorragend zum Radeln. Er zweigt gut ausgeschildert aus dem Rißtal nach Osten ab, etwa dort, wo der Große Ahornboden beginnt. Siebeneinhalb Kilometer geht es jetzt bergauf, um 550 Höhenmeter zu überwinden, zumeist in angenehmer Steigung, nie bösartig steil, manchmal gibt es sogar ein Flachstück zum Erholen. Der Wald wird immer lichter, Ahorn, Vogelbeere und Lärchen drängen die Fichten zurück, nahe der Plumsalm (1423 m) wird der Untergrund kurzzeitig grob schotterig, später fließt sogar ein kleiner Bach über den Weg, aber nach einer guten Stunde kommen im weitgehend baumlosen Almgelände unsere Ziele in Sicht: der Plumssattel, nördlich davon der ziemlich unspektakuläre Gipfel des Plumsjochs (1921 m), links davon noch das Satteljoch (1935 m) und noch weiter links der Kompar, der mit 2010 Metern knapp die Zweitausendergrenze schafft. In der weitläufigen Mulde darunter steht die solide aus Naturstein gemauerte Plumsjochhütte.

Auch dieser putzige Name hat einen so wenig romantischen oder phantasievollen Ursprung wie die Mondscheinspitze, kommt auch nicht etwa vom Plumps-Örtchen, sondern hat seine ebenfalls romanischen Wurzeln in dem Wort „planum". Es bedeutet: Ebene und für Gebirgsverhältnisse ist es hier droben zumindest nur sanft hügelig. Der Kompar übrigens leitet sich von

Nach dem Aufstieg zur Mondscheinspitze (rechts) hat man sich die Rast auf der Plumsjochhütte redlich verdient.

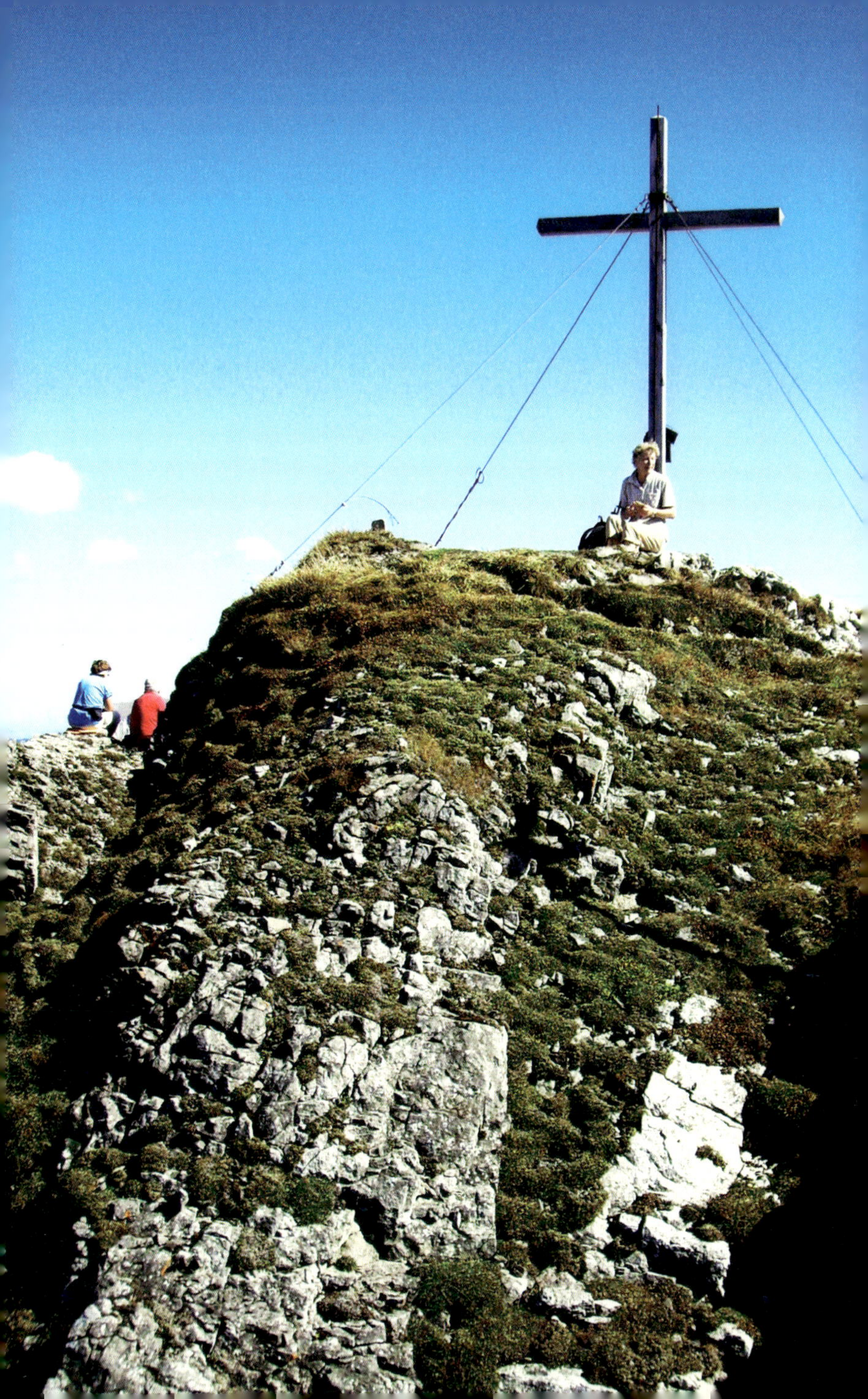

Der Anstieg verläuft genau auf der Kante ganz links. Daneben Rast mit Blick aufs Gamsjoch. Rechts Idylle am Sylvenstein-Stausee.

Campus (ebenes Feld) ab. Über allem thront, wenn auch noch ziemlich entfernt, die Mondscheinspitze, deren südliche Kante schnurgerade zum Gipfel strebt. Wir ignorieren die Abzweigung zur etwas unterhalb liegenden Hütte und streben ebenfalls schnurgerade zum nahen Plumssattel, wo die Räder nun für ein paar Stunden Pause haben. Mit Hilfe des gut bestückten Schilderbaums fällt: die Orientierung nicht schwer. Zur Mondscheinspitze müssen wir erst einmal aufs Plumsjoch, neben dessen Gipfelkreuz ein paar Flaggen wehen, die aussehen wie tibetische Gebetsfahnen. Von dort geht es in die Mondscheinsenke hinunter, 100 Höhenmeter, die wir drüben wieder rauf müssen. Und dort zieht der Steig steil an, um sich dann nach einer von Latschen bewachsenen Schulter zu einer kleinen Kraxelei im zweiten Schwierigkeitsgrad auszuwachsen. Gefühlt beinahe senkrecht, aber dank unzähliger Griffmöglichkeiten leicht zu erklimmen, überwinden wir die Felsstufe, droben steigen wir auf schotterigem Untergrund weiter steil hinauf, manchmal auch mit Hilfe der Hände, immer entlang der Südkante bis zum Gipfel. Dort steht nicht nur ein veritables Kreuz mitsamt einem aussagefreudigen Gipfelbuch, sondern sogar ein gelber Wegweiser. Rein theoretisch wäre die Gefahr sich zu verlaufen sogar vorhanden, denn man könnte eine Überschreitung machen und drüben in Richtung Schleimssattel und Gerntal absteigen. Fast müßig zu erklären, dass Schleims nichts Ekliges ist, sondern vom romanischen „Saxellines" (lateinisch saxum, also „bei den kleinen Felsen") stammen dürfte.

Allein schon der grandiose Rundumblick lohnt jeden einzelnen Schweißtropfen während des Aufstiegs: das ganze Karwendel zum Greifen nah, im Westen noch die Zugspitze, nach Norden die Gipfel der Tegernseer und Isarwinkler Berge und im Süden natürlich die lange Kette des Alpenhauptkamms, dessen Spitzen immer weiß schimmern. Direkt zu Füßen und tausend Meter tiefer erstreckt sich das Gerntal.

Für den Rückweg nehmen wir wieder die Aufstiegsspur, wobei man unbedingt den Markierungen folgen sollte, um an den ausgesetzten Stellen nicht plötzlich ins unwegsame Gelände zu gelangen. Der Gegenanstieg erneut zum Plumsjoch hinauf fällt leicht, weil er der letzte ist, und drüben warten bald die Fahrräder, mit denen wir zur Hütte hinunterrollen, um beim Weißbier auf der Terrasse aus erster Reihe den Karwendelblick hinüber zum Gamsjoch und den Laliderwänden zu genießen. Der Downhill dauert gerade mal 20 Minuten und ist Genuss pur.

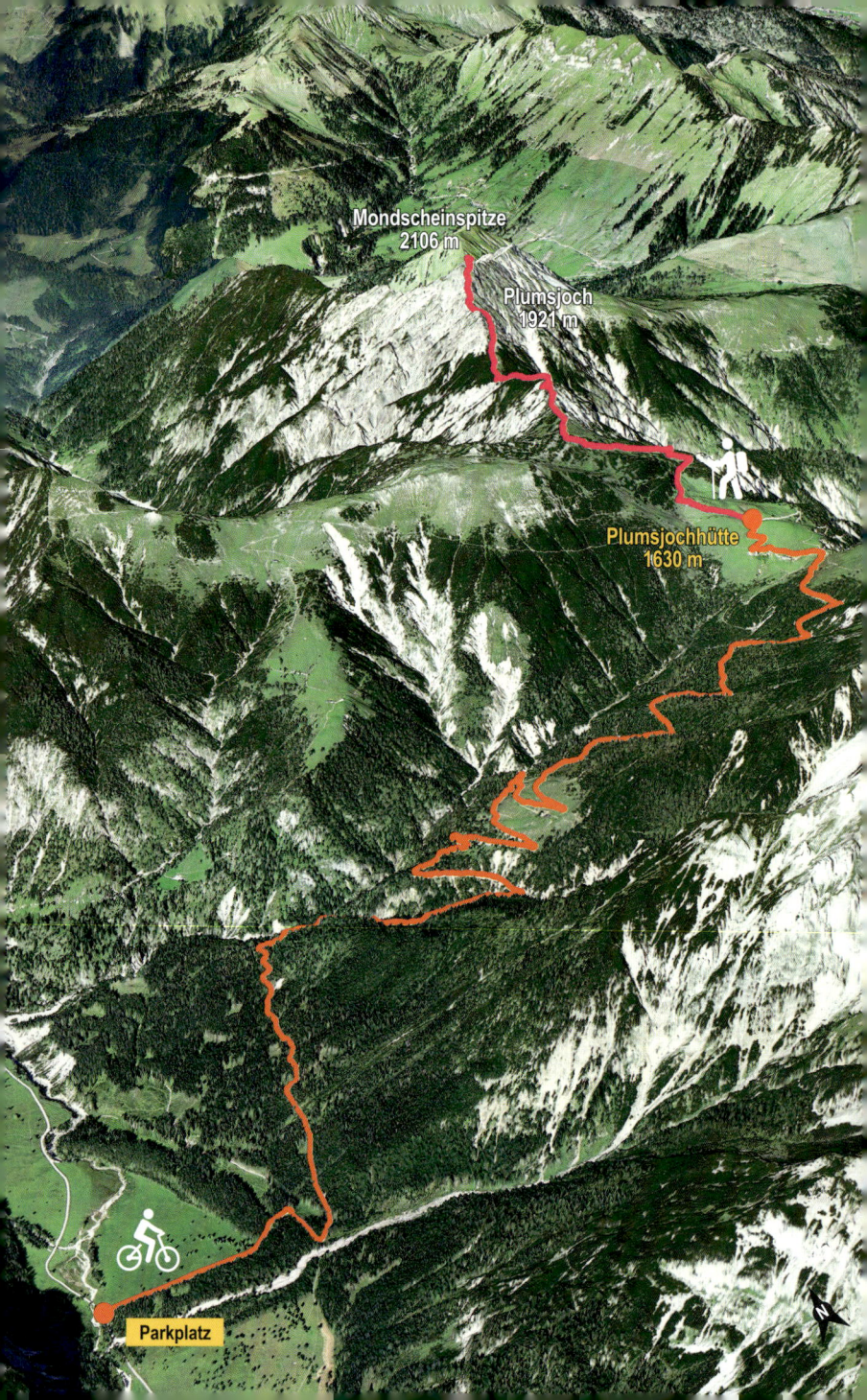

Mondscheinspitze
2106 m

Plumsjoch
1921 m

Plumsjochhütte
1630 m

Parkplatz

Anfahrt: Von München die Salzburger Autobahn bis Holzkirchen, dann auf der B13 über Bad Tölz und Lenggries zum Sylvenstein-Stausee. Hier rechts abbiegen nach Vorderriß. Von dort nach Hinterriss und auf der Mautstraße in die Eng.

Ausgangspunkt: Am Beginn des Großen Ahornbodens, neun Kilometer nach der Mautstelle und zwei Kilometer nach den Hagelhütten, zweigt links die Forststraße zur Plumsjochhütte ab. Hier gibt es genügend Parkplätze.

Höhe und Höhenunterschied: Mondscheinspitze 2106 Meter. Mit dem Rad zum Plumssattel 550 Höhenmeter. Dann im Aufstieg einschließlich des Gegenanstiegs aus der Mondscheinsenke 550 Höhenmeter.

Fahr- und Gehzeit: Mit dem Mountainbike eine Stunde Auffahrt, dann eineinhalb Stunden Aufstieg zum Gipfel. Abstieg zum Plumssattel reichlich eine Stunde, Abfahrt 20 Minuten.

Schwierigkeit: Eine solide Grundkondition ist von Vorteil. Problemlose Radtour ohne Steilstrecken. Beim Aufstieg ist neben Trittsicherheit auch Schwindelfreiheit Voraussetzung sowie etwas Erfahrung mit leichter Kletterei (Schwierigkeit I/II).

Einkehr: Plumsjochhütte, hier auch Möglichkeit zur Übernachtung. Geöffnet je nach Schneelage Anfang Mai bis Ende Oktober.

Info: Plumsjochhütte, Telefon 0049/160 98355331. Mail: plumsjoch huette@web.de. Silberregion Karwendel Telefon 0043/5242/ 63240. Mail: info@silberregion-karwendel.com.

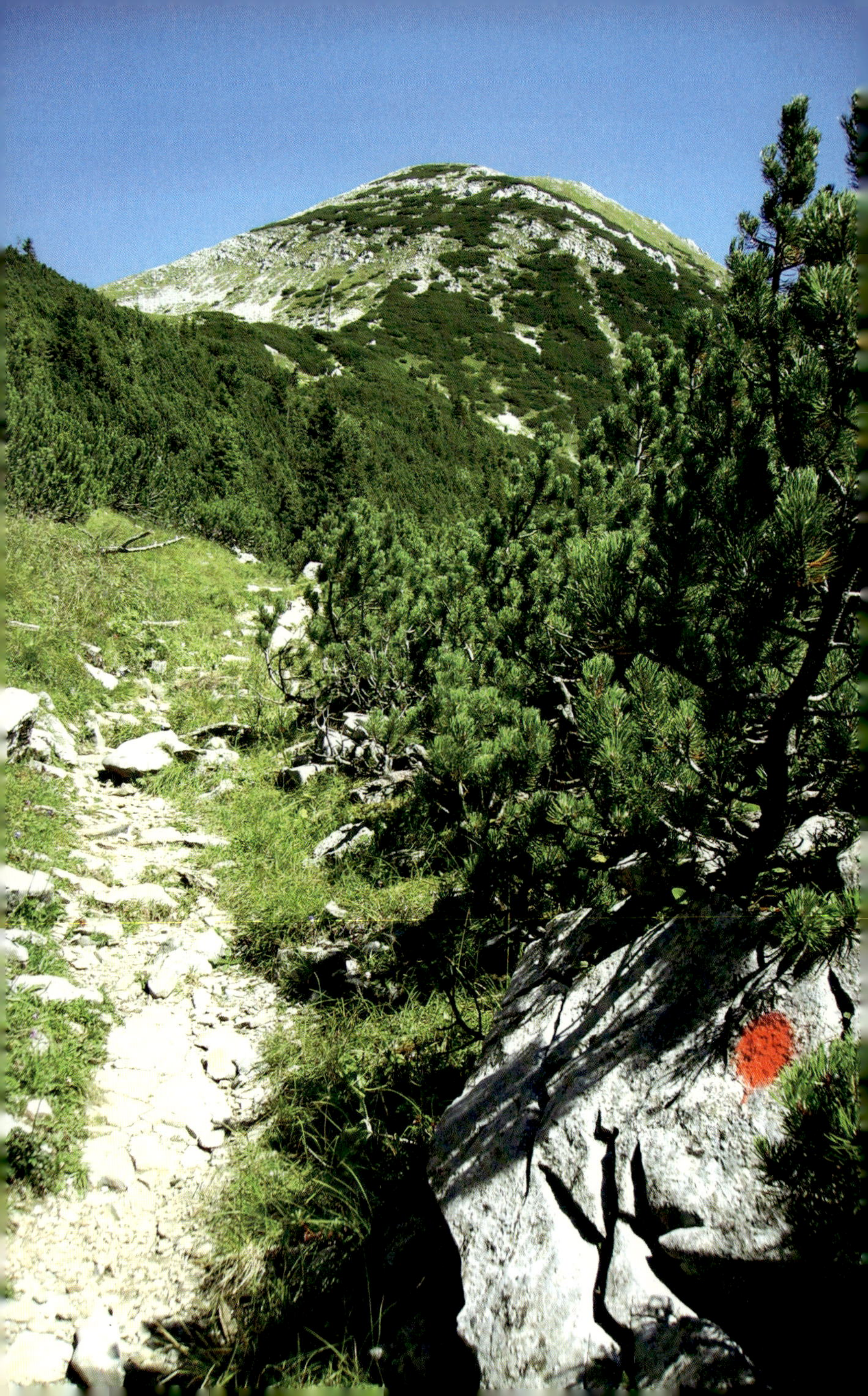

16 HÖHER GEHT'S NIMMER IM ESTERGEBIRGE
VON KRÜN MIT DEM RADL INS FINZBACHTAL UND WANDERUNG AUF DEN KROTTENKOPF

Der Krottenkopf ist nicht nur im Estergebirge der Größte. Mit seinen 2086 Metern ragt er deutlich über die Zweitausender Marke und gilt somit als höchste Erhebung in den bayerischen Voralpen. Und die Weilheimer Hütte am Fuße seines Gipfelaufbaus lässt mit ihren 1946 Metern ebenfalls alle anderen bayerischen Hütten hinter sich. Trotz solcher Superlative, vielleicht auch wegen der prominenten Nachbarschaft von Garmisch-Partenkirchen, Wetterstein und Karwendel, verlaufen sich nicht allzu viele Leute ins Estergebirge. Da macht nur sein südlichster Pfeiler, der Wank direkt oberhalb von Partenkirchen, eine Ausnahme. Auf diesen Aussichtsberg schaufelt die Seilbahn im Sommer unzählige Besucher, die nach jenen tausend Gipfeln Ausschau halten wollen, die man von dort oben angeblich sehen kann. Alle anderen Ziele in dem wuchtigen Gebirgsstock müssen zu Fuß erobert werden. Die Wege sind lang, die Summe der Höhenmeter beträchtlich. Zwar gibt es über die Herkunft vieler Bergnamen nur Vermutungen, beim Krottenkopf dürfte aber die Deutung über den alten Begriff von „grott" (Geröll) nicht fernliegen. Romantischer freilich wäre die Verbindung mit Grotten, denn im karstigen Gelände des Michelfeldes, einer

Der Steig zum Krottenkopf ist gut markiert, aber der Gipfel doch noch ein ganzes Stück entfernt.

---

per Rad:
ca. 550 Höhenmeter
zu Fuß:
ca. 800 Höhenmeter

ca. 6,5 h

Wanderparkplatz im Gries in Krün

47.504435, 11.284843
bzw.
47°30'16.0"N 11°17'05.4"E

Touristen-Info Krün

Trittsicherheit, Kondition

Weilheimer Hütte

Hochfläche zwischen Krottenkopf und Hoher Kisten, gibt es tatsächlich einige tiefe Höhlen, teilweise mit Wasser gefüllt, die noch wenig erforscht sind.

Fünf Stunden bräuchte man, so steht es in Wanderführern, um zu Fuß von Wallgau oder Krün dort hinauf zu gelangen. Also ein klassischer Fall für eine Radltour, hinein ins Herz des Estergebirges. Weil es in Wallgau nur wenige Parkplätze gibt, starten wir in Krün und biegen dort von der Ortsmitte aus nach Westen ab, natürlich in die Krottenkopfstraße. An der Gabelung nach etwa einem Kilometer folgen wir rechts der Beschilderung zur Finzalm, überqueren den Finzbach und strampeln nun auf guter Kiespiste immer geradeaus bergan, mal steiler, dann wieder angenehmer, bis nach 4,5 Kilometern eine scharfe Rechtskehre auftaucht, wo sogar ein Busfahrplan hängt für einen angeblich verkehrenden Almbus. Hier verlassen wir die glatte Straße und fahren geradeaus auf einem holperigen Weg hinab zur Finzalm (1050 m), die im Wechsel mit der ein ganzes Stück oberhalb liegenden Krüner Alm bewirtschaftet wird. Das nächste Stück erfordert ein wenig mehr Fahrtechnik. Zunächst rollt man sanft am Finzbach entlang, dann aber geht es schotterig hinab zur Querung des grob gerölligen Altgrabens, danach gleich eine steile Schiebepassage auf eine Schulter hinauf. Wieder folgt eine fast ebene Tallandschaft, doch schon taucht der Angerlgraben auf, der meistens Wasser führt. Wer mit Schwung durchfährt, holt sich wohl nasse Füße, schafft dafür aber vielleicht den Gegenanstieg. Manchmal gelingt es. Lärchen und Tannen, Ahorn und Fichten begleiten das breite Schotterbett des Finzbachs, und bald mündet von links über eine Brücke die Forststraße aus Richtung Barmsee und Gerold, die für uns in den nächsten Kehren mit bis zu 20 Prozent Steigung gleich eine saftige Bergprüfung bereithält.

Doch dann wird die Strecke sanfter und nach insgesamt knapp elf Kilometern parken wir die Radl unter ein paar Bäumen. Geradeaus ginge es weiter zur Esterbergalm, rechts aber zweigt ein Karrenweg ab und ein

Rechte Seite: Der Radweg geht links weiter. Daneben Blick vom Krottenkopf auf die Hütte im Sattel zum Risskopf und darunter auf den Bischof.

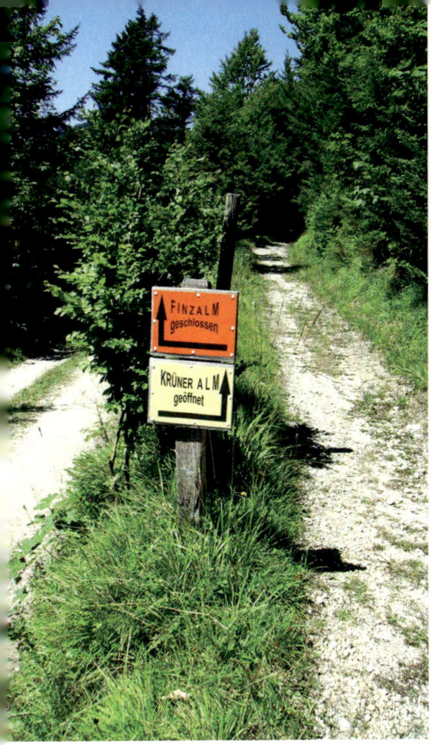
FINZALM
geschlossen
KRÜNER ALM
geöffnet

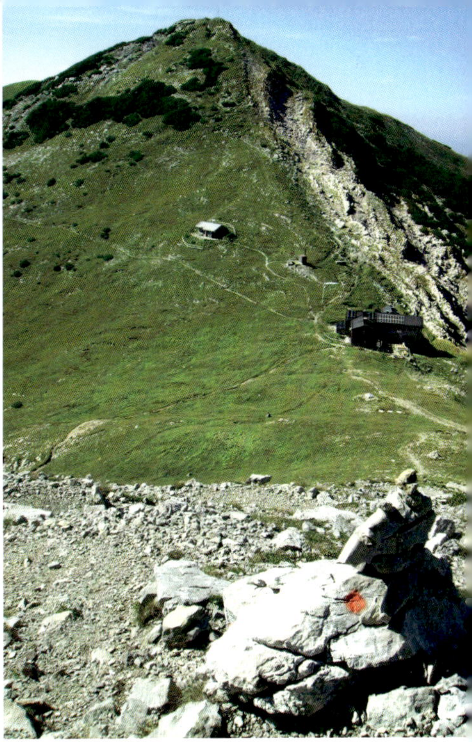

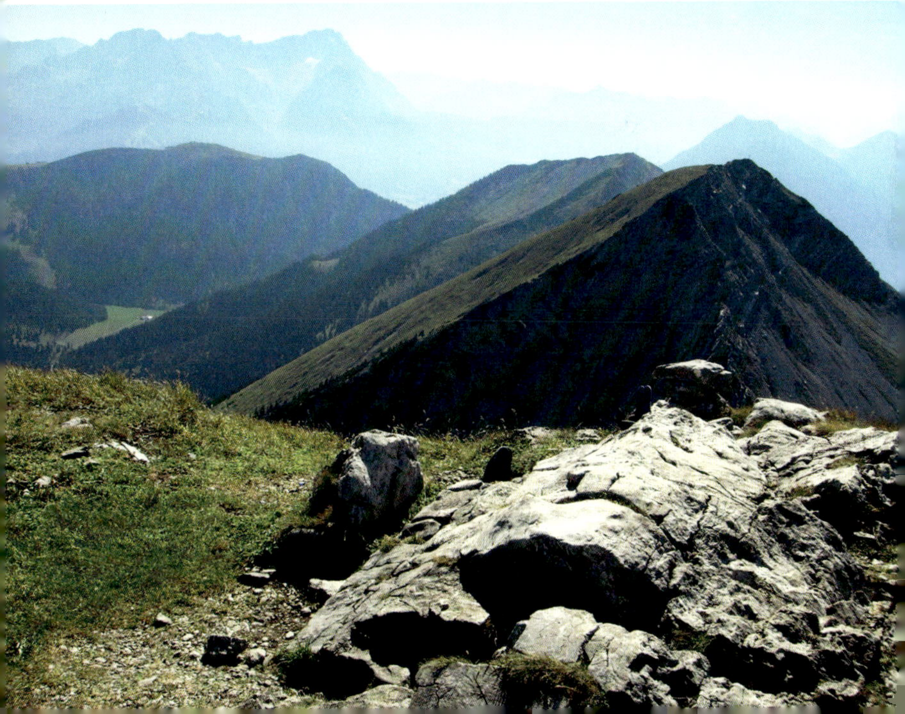

gelbgrünes Schild weist zu Krottenkopf und Weilheimer Hütte. Der holprige Weg wäre für gut trainierte Biker fahrbar, schließlich schafft ja auch der Allrad-Japaner des Wirtes die Strecke bis zur Materialseilbahn der Hütte. Zu Fuß sind es 45 Minuten. Ab da windet sich ein gut angelegter Steig in vielen Serpentinen durch lockere Latschenbestände. Links steht die ebenmäßige Pyramide des Bischofs, gerade mal 50 Meter niedriger als der Krottenkopf, aber doppelt so unbekannt. Auf dem Sattel zum Henneneck hinüber heben sich die Silhouetten der grasenden Kühe deutlich gegen den Himmel ab. Auch ein paar Gämsen schauen neugierig herüber. Weiter droben passieren wir die Quellfassung für die Hütte. Und was man in Hüttennähe selten findet – hier fließt frisches Trinkwasser aus einem Rohr. Der Wirt verdient sein Geld offenbar nicht in erster Linie mit Getränken. Die Krottenkopfhütte, wie die Einheimischen sie nennen, steht exakt auf dem Sattel zwischen Riss- und Krottenkopf und schaut nach Nordosten über die Almböden des Michelfeldes zu den Nachbargipfeln Hohe Kisten, Schindler und Archtalkopf und hinüber bis zur Benediktenwand. Hierher haben sich viele seltene Tier- und Vogelarten zurückgezogen, wie etwa das vom Aussterben bedrohte Birkhuhn. Schon 1882 hat die DAV-Sektion Weilheim hier eine Almhütte gekauft und sie immer weiter ausgebaut. Jetzt bedecken Solarmodule das Dach, ein Windrad dreht sich und etwas unterhalb erkennt man Teile der biologischen Kläranlage. Die Terrasse ist Stützpunkt all jener, die für die letzten hundert Höhenmeter noch Kraft tanken wollen, etwa mit dem Holunderblütensaft der Wirtin und mit „Omas Nussecken" oder auch mit Würsteln und Weißbier.

Ein Alpenvereinshaus mit zwei Namen. Die Weilheimer- heißt auch Krottenkopfhütte. Linke Seite: Manchmal ist der Weg etwas holperig.

Der Weg zum Gipfel ist in einer Viertelstunde zu schaffen. Erst ziemlich weit droben taucht das von der Hütte her nicht sichtbare Holzkreuz auf, das an das hundertjährige Bestehen der Sektion 1981 erinnert. Der Panoramablick von hier geht 360 Grad um die Windrose. Man meint, dass nur der Dunst und die Erdkrümmung eine Grenze setzen. Im Osten jenseits der Isar bei Krün stehen die so auffällig quer gerippte Soiernspitze, im Süden Dreitor-, Alp- und Zugspitze und im Westen schließlich die Ammergauer Berge mit der markanten Klammspitze.

Eine Stunde weiter drunten wartet das Mountainbike. Wer den Rückweg variieren und sich vor allem die Gegenanstiege Richtung Finzalm sparen möchte, der fährt auf der Forststraße über die Finzbachbrücke Richtung Gerold und eine längere sanfte Steigung hinauf, um nach etwa zwei Kilometern scharf links in den Rindbergweg abzubiegen und im rauschenden Downhill nach Krün zu düsen. Wenn das Wetter passt, lockt dort natürlich noch ein Bad im nahen Barmsee. Den steuert man am besten gleich mit dem Radl an: im Tal angekommen an der nächsten Kreuzung auf dem Isartalweg nach rechts. Minuten später ist der Badestrand erreicht.

Bischof
2033 m
Krottenko
2086 m
Weilheimer Hütte
Finzalm
1050 m
Barmsee
Wallgau
Krün

Anfahrt: Von München auf der Autobahn A95 nach Garmisch-Partenkirchen, weiter Richtung Mittenwald und hinter Klais abbiegen nach Krün. Man kann die Autobahn auch schon an der Ausfahrt Murnau verlassen und über Kochel, den Kesselberg und Walchensee nach Krün gelangen.

Ausgangspunkt: Parkplatz entweder beim Kurhaus in der Kranzbachstraße oder man biegt in der Ortsmitte nach Osten ab zur Isar hinunter. Dort ist hinter dem Sägewerk ein großer Wanderparkplatz ausgeschildert.

Höhe und Höhenunterschied: Krottenkopf 2086 Meter. Auf dem Fahrrad mit Gegenanstiegen 550 Höhenmeter, Aufstieg knapp 800 Höhenmeter.

Fahr- und Gehzeit: Eine Stunde und 45 Minuten bergauf radeln, eine Stunde zurück. Aufstieg knapp zwei Stunden, Abstieg eineinhalb Stunden.

Schwierigkeit: Anspruchsvolle Radltour mit Trailstrecken und steilen Passagen. Aufstieg bei guter Kondition problemlos, Trittsicherheit vorausgesetzt.

Einkehr: Weilheimer Hütte, Übernachtung möglich. Geöffnet Mitte Mai bis Mitte Oktober (Pfingsten bis Kirchweihsonntag).

Info: Touristen-Info Krün, Telefon 08825/1094, E-Mail touristinfo@kruen.de. Weilheimer Hütte, Telefon 0170/2708052.

REGISTER

Abwinkel 25, 31
Achenbach 23
Achenkirch 23
Achensee 5, 23, 51, 127
Achenwald 17, 19 f., 23
Achselköpfe 41, 44, 81
Allgäu 97, 117
Alpspitze 33, 37, 104, 139
Altenau 86, 91
Altlacher Hochkopf 34
Ammer 4, 85 f.
Ammergauer Berge 11, 77, 89, 102, 139
Angerlgraben 136
Angola 118
Arzbach 42, 44, 47
Aueralm 4, 25 f., 29, 31
Bächental 4, 49
Bad Tölz 23, 47, 57, 65, 133
Bad Kohlgrub 15, 91
Bad Wiessee 25, 31
Barmsee 136, 139
Baumgartenjoch 52, 54
Baumgarten-Niederleger 52
Baumgartental 51, 57
Bayerbach 86
Benediktbeuern 4, 77 f., 83
Benediktenwand 4, 29, 42, 44, 77, 81, 83, 97, 138
Berchtesgaden 117
Bichl 83
Birkkarbach 67, 69
Birkkarspitze 5, 62, 69, 117 f., 120 f., 125
Blaubergalm 4, 17 ff., 23
Blaubergkamm 4, 17 ff., 23
Bleckenau 7, 9, 12, 15
Brauneck 29, 44
Brauneckbahn 41
Brunnenkopf 4, 85 f., 91, 118
Brunnenkopfhäuser 85 f., 88 f., 91
Buchstein 29
Delpsalm 52
Delpssee 4, 49, 51 f., 54
Dreitorspitze 33
Dürnbach 18
Dürrachtal 51, 57
Edelweißhütte 42
Eibelsfleckalm 78
Elmau 4, 33 f., 39
Elmautal 102
England 17 f., 72
Eschenlainetal 94, 99
Eschenlohe 5, 93, 99, 107
Estergebirge 5, 36, 135 f.
Ettal 107
Falkengruppe 4, 59, 62 f.
Falkenhütte 59, 62 f., 65
Fall 4, 49, 51, 54, 57
Feldernkopf 113
Fensterl 4, 7, 11
Finzalm 136
Finzbach 136, 139
Finzbachtal 5, 135
Fockenstein 4, 25 f., 29, 31
Frieder 101 f., 104
Friederalm 104
Friederspitz 5, 101 f., 104, 107
Gabelschrofen 9
Gabrielalm 42
Garmisch 101 f.
Garmisch-Partenkirchen 33, 39, 115, 125, 135, 141
Gasthof Neuner 59
Geierköpfe 104
Geiselsteins 11 f.
Gerntal 127, 131
Gerold 136, 139
Gmund 18, 31
Graswang 102, 107
Graswangtal 102, 104
Griesen 102
Grießlaine 5, 96
Große Klammspitze 89, 139
Großer Ahornboden 43, 88, 128, 133
Großer Lafatscher 71
Großglockner 122
Guffert 81
Gufferthütte 19 f.
Hagelhütten 133
Hagenwirt 23
Halbammer 85 f., 88
Hallerangeralm 67, 72, 75
Hallerangerhaus 4, 67, 69, 71 f., 75
Halserspitz 17, 19 f., 23
Hausstattalm 79
Heimgarten 5, 93 f., 97, 99
Heimgartenhütte 93 f., 97, 99
Hengstbach 86
Hennenkopf 43, 47
Herzogstand 94, 97
Herzogstandbahn 94
Hinterautal 4, 67 f., 75
Hintere Längentalalm 41 f., 44, 47
Hinterer Kirchstein 41, 44
Hinterriß 59, 65
Hirschtalsattel 25
Hochalmkreuz 117 f., 120, 125
Hochblasse 11, 33, 37
Hochplatte 9, 11 f.
Hohe Ziegspitz 104
Hohenschwangau 8
Hoher Kisten 136, 138
Holzkirchen 23, 31, 47, 65, 133
Isar 4, 67 f., 70 ff., 109, 139, 141
Isarquellen 4, 678, 69
Isar-Ursprung 67
Jägerhütte 7, 9, 12, 15
Jochberg 80
Johannesbach 63
Johannestal 4, 59 f., 63, 65
Kaltwasserkarspitze 60
Karwendel 4, 51, 60, 67 f., 72, 77, 80, 88, 104, 117, 120, 131, 133, 135
Karwendelbach 118, 120
Karwendelhaus 59, 69, 117 f., 120, 122, 125
Karwendelkette 62, 65
Karwendelspitzen 110, 112, 118
Karwendeltal 5, 72, 117 f., 122, 125
Kastenalm 67, 69, 75
Kenzensattel 11
Kesselberg 81, 141
Kirchstein 81
Kirchel 42, 44
Kirchsteinhütte 42, 47
Klais 39, 141
Klammbach 19 f., 86
Kleinen Klammspitze 86

Kleiner Ahornboden 59f., 62f., 65, 121
Kleiner Lafatscher 67, 71
Kloster Benediktbeuern 78
Kochel 91, 141
Kohlstattalm 78
Köllebach 11
Kompar 128
Krähe 4, 7, 9, 11f., 15
Kreuth 17, 29
Kreuzspitze 89, 104
Krinner-Kofler-Hütte 110, 115
Krottenkopf 5, 135f., 138, 141
Krottenkopfhütte 138f.
Krün 5, 135f., 139, 141
Kuchelbach 102
Ladizalm 4, 59ff., 65
Ladizjöchl 63
Lafatscher Bach 67, 69ff.
Lafatscher Joch 71
Lafatscher Niederleger 70
Lainbachtal 78, 81, 83
Laliderer Falk 60, 63
Lalidererspitze 62
Laliderer Tal 63
Längental 4, 41f., 44, 47
Längentalalm 41f., 44
Larchetalm 117f., 125
Latschenkopf 4, 41, 44, 47
Lenggries 41, 47, 57, 65 , 109f., 133
Lenggrieser Hütte 25
Linderhof 88, 102, 104, 107
Logham-Alm 44
Loisach 93
Loisachtal 33, 102
Mahnkopf 4, 59f., 63, 65
Mardersteighütte 86
Mittenwald 39, 75, 109f., 115, 125, 141
Mondscheinspitze 5, 127, 128, 130, 133
Mühlbach 25
München 15, 29, 41, 47, 65, 75, 81, 83, 99, 107, 115, 122, 125, 133, 141
Murnau 15, 91, 141
Neuhüttenalm 25, 29
Neuschwanstein 4, 7ff.

Notkarspitze 89
Oberammergau 91, 101, 107
Oberau 107
Oberland 4, 54, 77, 81, 89
Ochsenkamp 25
Ödkarspitzen 120f.
Ohlstadt 94
Ohlstädter Alm 94, 97
Pertisau 127
Plumsalm 128
Plumsjoch 127f., 130f.
Plumsjochhütte 110, 133
Plumssattel 5, 127f., 130, 133
Pöllat 4, 7
Pöllatschlucht 8, 11
Pöllattal 8
Probstenwand 4, 41ff., 47
Pürschling 88
Rauenstein 104
Reißende Lahnspitze 113
Reitrain 29
Rissbach 60
Risser Falk 59, 63
Risskopf 136
Rißtal 5, 54, 59f., 65, 110, 127f.
Rossstein 29
Rotmoosalm 104
Rotmoossattel 104
Rottenbuch 15
Satteljoch 128
Saulgrub 15, 91
Schachen 4, 33f., 39
Schachenhäuser 33, 39
Schachentor 33, 36f., 39
Schachentorkopf 36
Schafreuter 4, 49, 51f., 54, 57, 81
Scharnitz 67f., 72, 75, 117f., 122, 125
Schellschlicht 102, 104
Schildenstein 20
Schlauchkarsattel 120
Schleimssattel 131
Schloss Harmating 117
Schloss Hohenburg 25, 109f.
Schöttelkarspitze 110, 113
Schwangau 15
Seinsalm 115
Silvrettagruppe 122
Sindelsdorf 47, 83

Soiernhaus 112f.
Soiernspitze 5, 109, 112f., 115, 139
Söllbach 25
Söllbachtal 4, 25, 31
Sonnbichl 26, 31
Sophiental 85
Speckkarspitze 4, 67, 69, 71, 75
Starnberger See 77, 81
Steilenberg 34
Steinfalk 63
Steingaden 15, 85
Stiealm 44
Stieralpe 104
Straußberg 8
Stubai 122
Sunntigerspitze 69, 71, 75
Sylvenstein-Stausee 23, 51, 57, 65, 131, 133
Tegernsee 18, 23, 29, 31, 57, 131
Tegernseer Tal 29
Tennenalm 44, 47
Tölzer Hütte 44, 49, 51f., 54, 57
Trauchgau 86, 91
Tutzing 83
Tutzinger Hütte 4, 77ff., 80f., 83
Untermberg 47
Unternogg 85f., 88, 91
Vereiner Alm 109f., 113, 115
Vorderer Kirchstein 42f., 44
Vorderriß 57, 133
Wackersberg 47
Walchensee 34, 94, 97, 99, 141
Wallgau 136
Wankalm 94
Wankerfleck-Kapelle 12
Watzmann 122
Weilheim 138
Weilheimer Hütte 135, 138f., 141
Werdenfelser Land 33, 93, 101
Wettersteinalm 4, 33, 34, 36f., 39
Wettersteingebirge 117
Wildmoossattel 20
Wolfratshausen 117
Wolfsschlucht 19f.
Wörner 109f.
Wörnersattel 110
Zugspitze 37, 89, 104, 131, 139
Zugspitzplatt 33, 37

RealityMaps
Die App für Gipfelstürmer

Perfekte Orientierung und mehr Sicherheit mit fotorealistischen Karten

Die Features im Überblick:

- 3D Luftbildkarte & Topographische Reliefkarte der Alpen, Pyrenäen, Korsika, Himalaya und mehr
- Mehr als 25.000 qualitätsgeprüfte Touren
- Routing - GPX und Komoot Import - Virtuelles 360° Panorama - Offlinekarten - Tourenbuch - Touren speichern und teilen

QR Code scannen

www.realitymaps.app